dtv

So eine Mutter
wie dich
gibt es nur einmal!

Alles Liebe zum
70.

Deine Heidi, Michael,
Moritz und Julie

23. Dezember 2001

»Ein Liedchen singe ich dir voll Dank und Freude«, heißt es in einem Gedicht von Novalis an seine Mutter. Alle, die schreiben, sind auch Töchter und Söhne gewesen. Bewußt wird es ihnen allerdings oft erst in einem Alter, wo sie selbst schon Eltern sind oder sein könnten. Diesem Bewußtwerden aber verdanken wir einige der schönsten Gedichte und Erzählungen. Dabei enthält das Bild der Mutter nicht immer nur heitere und harmonische Züge. Auch von Leid und Opfermut und vom täglichen Daseinskampf ist die Rede. Nicht immer wollen die erwachsen gewordenen Kinder wahrhaben, wie stark sie von ihrer Mutter geprägt wurden. Darstellungen unterschiedlichster Art finden sich daher in der Literatur, wie die Texte von Barbara Bronnen, Heinrich Böll, Annette von Droste-Hülshoff, Oskar Maria Graf, Doris Lessing, Isaac B. Singer und anderen zeigen.

Eine Mutter hat man nur einmal

Lesebuch

Zusammengestellt von
Helga Dick und Lutz-W. Wolff

Deutscher Taschenbuch Verlag

Von den Autoren dieses Bandes sind in der Reihe
dtv großdruck erschienen:

Christine Nöstlinger:
Werter Nachwuchs (25076)
Liebe Tochter, werter Sohn! (25136)

Hans Werner Richter:
Reisen durch meine Zeit (25097)

Isaac Bashevis Singer:
Ein Tag des Glücks
und andere Geschichten von der Liebe (25142)

Hans Scheibner:
Der Weihnachtsmann in Nöten (25036)

Originalausgabe
April 1987
6. Auflage Mai 1999
Deutscher Taschenbuch Verlag GmbH & Co. KG,
München

(Siehe auch Quellenhinweise S. 269 ff.)
Umschlagkonzept: Balk & Brumshagen
Umschlagbild: Ausschnitt des Gemäldes ›Junge Dame am Putztisch‹
(1837) von Ferdinand Georg Waldmüller
Gesamtherstellung: C. H. Beck'sche Buchdruckerei,
Nördlingen
Gedruckt auf säurefreiem, chlorfrei gebleichtem Papier
Printed in Germany · ISBN 3-423-25151-4

Inhalt

An die Mutter

Bin ich zu spät gekommen,
So war mein Herz bei dir
Und dacht in diesen Tagen
Nur deiner für und für.

Ich hab gezählt, gerechnet
Und dennoch nicht genug,
Da war die liebe Stunde
Und ungesäumt mein Tuch.

Du trugst, du liebe Mutter,
So oft mit mir Geduld,
Hast Schlimmres mir vergeben
Als die Gedächtnisschuld.

So geht mirs leider immer:
Ich mach es anfangs schlecht,
Und wenn ich mich besonnen,
Erst hintennach wohl recht.

Annette von Droste-Hülshoff

Oskar Maria Graf
Die Entdeckung der Mutter

»Gestochen hat er sie! ... Von hinten ... Sein Messer soll giftig gewesen sein«, sagte der Wagner Neuner zum Schmalzer-Hans, während er sein Werkzeug zusammenräumte. Er klopfte mit den flachen Händen den Holzstaub von seinem grobleinenen blauen Arbeitsschurz und brummte mehr für sich: »So, der Tag ist auch wieder vorbei ... Mein Gott, ich möcht' keine Fürstlichkeit sein! Nicht geschenkt! ... Es ist auch ein recht unsicheres Leben! ... Was hat sie jetzt, samt dem, daß sie Kaiserin gewesen ist? Gar nichts! Jetzt ist sie auch tot wie unsereins ...«

Wir Kinder standen dabei, schnappten jedes Wort auf und schauten ab und zu staunend zu den zwei Männern empor.

»Jaja«, meinte der Schmalzer-Hans durchaus gleichgültig und fing gemächlich zu erzählen an: »Beim Klostermaier droben haben sie schon gesagt, der Stich selber soll gar nicht so arg gewesen sein, aber das Gift! ... Da hat nichts mehr geholfen ... Ich hab' sie seinerzeit, wie unser König noch gelebt hat, oft gesehen im Schloß drunten ... Eine hochnoble, bildsaubere Person ist sie gewesen. Eine Kaiserin, wie man nicht leicht eine findet ... Sie hat unserm König auch gleichgesehen.«

Der Wagner Neuner nahm den ›Land- und Seeboten‹ von der Hobelbank und gab ihn dem Hans: »Da, in der Zeitung steht schon alles genau drinnen.« Er schneuzte sich. Dann schnupfte er rasselnd.

Der Hans, der nie etwas las, warf einen flüchtigen Blick auf die Zeitung, und wir reckten neugierig die Hälse. Die ganze erste Seite war umrahmt von einem breiten schwarzen Trauerrand, und unter den dicken Lettern der Überschrift sahen wir das Bild einer Frau mit hoher Frisur, einer geraden Nase und ernsten, stolzen Augen.

»Jaja, genauso hat sie ausgeschaut, ganz genau so«, sagte der Schmalzer-Hans, »eine stramme Person! ... Und couragiert, mein Lieber! ... Reiten hat sie können, besser als jedes Mannsbild.« Er und wir Kinder gingen etwas auf die Seite, denn der Wagner trat jetzt aus seiner hohen, gewölbten Werkstatt, drückte das Tor zu und riegelte ab.

»So, Kinder, marsch! Macht, daß ihr heimkommt! Nacht wird's!« rief er. Es dämmerte schon. Die laue Luft hatte sich fühlbar abgekühlt, und sie roch nach Herbst. Über der Straße, um den heckenumsäumten Obstgarten vom Schatzl, der sich über den sogenannten »kleinen Berg« hinaufzog, wisperten noch vereinzelte späte Vögel.

»Wer ist denn die Frau?« fragte mein Bruder Maurus, auf die Zeitung deutend, und wir drängten uns um den Hans.

»Das? ... Die Kaiserin Elisabeth von Österreich! Die ist erstochen worden«, erklärte uns der Wagner Neuner und wurde leicht ungeduldig, »so jetzt aber marsch! Weiter! Heim jetzt! ... Eure Mutter ist doch krank!« Die letzten Worte überhörten wir. Wir bekamen wichtige Mienen, liefen den kleinen Berg hinauf und schrien gleicherzeit, als wir in die Wohnkuchl kamen: »Vater! Die Kaiserin Elisabeth haben sie erstochen!« Ein fast wohliges Gruseln durchlief uns dabei. Wir schnaubten und hatten hochrote Backen.

»Jaja!« sagte unser Vater brummig, »machts keinen solchen Lärm ... Die Mutter ist doch krank!« Jetzt erst sahen wir sein besorgtes Gesicht, bemerkten den Zwerg, die »alte Resl« in der Kanapee-Ecke, sahen unsere älteren Geschwister stumm herumsitzen, und es stieg uns auch wieder der penetrante Lysolgeruch in die Nase, der schon seit Wochen das Haus erfüllte. Enttäuscht schwiegen wir ebenfalls und machten ernste Gesichter, aber die Kaiserin Elisabeth ließ uns keine Ruhe.

»Der Wagner Neuner hat gesagt, mit einem giftigen Messer hat sie ein Lump gestochen«, fing der Maurus von neuem an, und auf einmal entdeckten wir die ausgebreitete Zeitung auf dem Tisch, sprangen auf die Holzbänke und beugten uns über das Bild mit dem Trauerrand.

»Jaja, die ist's! Jaja!« riefen wir alle, drückten und verdrängten einander, der Vater wies uns zurecht, wir beruhigten uns ein wenig, und dann fing der Maurus buchstabierend zu lesen an: »R-u-u-ch-l-o-oser M-e-eeu-ch-« ... Er stockte, das »e-u« irritierte ihn. Es klang zu fremdartig. Er und wir überlegten.

»Es heißt doch eu! ... Meuchelmord! Schafskopf, saudummer!« fuhr ihn unsere zwölfjährige Schwester Theres an. Dieses Wort verstanden wir erst recht nicht, dennoch machte sich der Maurus sofort wieder unverzagt ans Weiterlesen: »Meu-Meuchel-mo-rd a-n I-h-r-e-r K-a-i-s-e-r-l-i-ch-chen M-a-je-st – –«

Die Tür ging auf. Vater und Geschwister hoben die Gesichter. Maurus schwieg. Der Zwerg malmte gleichgültig mit dem Unterkiefer. Die rundliche braunhaarige Hebamme blieb kurz stehen, sah auf unseren Vater und sagte kopfschüttelnd: »Ob das Kind noch durchkommt? ... Ich weiß nicht.«

»Und die Resl? Wie geht's der?« fragte er.

»Naja!« wich die Hebamme aus und zuckte dabei mit den Achseln, »mit einundvierzig Jahren! ... Und das elfte Kindbett! ... So einfach ist das nicht mehr.« Sie ging mit einem Bündel blutbeschmutzter Windeln auf den Herd zu und warf sie in den dampfenden Wassertopf.

»Soll vielleicht der Doktor noch mal kommen?« fragte er wieder.

»Sie ist jetzt eingeschlafen ... Recht matt ist sie«, meinte sie statt einer Antwort. »Ich glaub', es ist besser, wenn ich das Kind in die Kuchl bring'. Da kann's schreien.« Und während sie mit dem langen Holzlöffel die Windeln in das brodelnde Wasser stieß, fügte sie dazu, daß für den Doktor bis morgen auch noch Zeit sei.

Als sie aus der Kuchl gegangen war, blieb es eine Weile still.

»Vater? ... Muß unsere Mutter sterben?« fragte der Maurus auf einmal, und die Kaiserin Elisabeth interessierte uns nicht mehr.

»Setzt euch ordentlich hin«, sagte der Vater und schluckte ein wenig. Wir folgten wortlos und falteten, da er und die ältesten Geschwister dies taten, unsere Hände. Niemand aber fing laut zu beten an. Es kam uns vor, als rieche das Lysol auf einmal viel stärker. Der Geruch vermischte sich mit dem Dampf des Seifenwassers. »Krank« – »sterben« – »Tod« fiel uns von ungefähr ein, und wir dachten an unsere Mutter. Eine sonderbare, unbestimmte Bangigkeit überkam uns nach und nach. Wir sahen unverwandt auf unseren Vater, der einen leeren Blick hatte. Es wurde allmählich ganz dunkel in dem niederen, dämpfigen Raum. Die Pendeluhr tickte, und das Wasser brodelte. Endlich, als die Hebamme mit dem schreienden Kind über die Stiege herunterkam, stand der Vater rasch auf und zündete die Petroleumlampe an. Dabei zitterten seine Hände. –

Dieses elfte von uns Kindern wurde nur etliche

Monate alt. Es hatte schon kurz nach der Taufe zu kränkeln angefangen. Es hieß Maria, und nun, nach einer Woche, starb es. Vaters Schwester, die Kathl, nähte ein winziges weißes Spitzenhemdchen. Die Leichenfrau und sie machten die kleine Leiche zurecht. Wir schauten den beiden zu, aber es graute uns davor.

»Jaja, das Marei kommt jetzt in den Himmel! Drum machen wir es so schön. Da schauts!« sagte die Leichenfrau lächelnd und hob das starre, leblose Ding aus dem Sarg. Wie eine Puppe sah es aus. Wir glotzten benommen und wichen zurück.

»Geh! So was tut man doch nicht!« rief die Kathl, wütend über die Leichenfrau. Da rannten wir erschrocken auf und davon und ließen uns in der Kuchl nicht mehr blicken. Nur manchmal drückten wir draußen unsere Gesichter scheu an die Fensterscheiben.

Als die Leichenfrau mit dem kleinen weißen Sarg unter dem Arm aus der Kuchl ging, machte ihr die »alte Resl« eine Faust nach. Der Zwerg nämlich konnte aus irgendeinem unaufgeklärten Grund alles, was mit dem Tod zusammenhing, nicht leiden. Särge und schwarzgekleidete Menschen waren ihm zuwider, und das Wort »sterben« machte ihn wütend. Da er aber ziemlich ungelenk war, hatte er die ganze Zeit in der Kuchl zubringen müssen. Noch lang, nachdem der Vater, die Kathl mit ihren zwei Kindern und unsere älteren Geschwister fortgegangen waren, stieß die »alte Resl« unverständliche, schimpfende Laute aus sich heraus und gestikulierte heftig mit ihren kurzen, dicken Armen. Wir Jüngsten – Anna und ich – waren daheimgelassen worden und wichen nicht von ihrer Seite. Wir gingen nicht zu unserer kranken Mutter hinauf und wollten überhaupt nicht an sie denken. Wir empfanden wohl ein stumpfes Mitleid, doch das scheue Grauen überwog. Wir fürchteten uns vor der Stille und stachelten die »alte Resl« immer wieder an, indem wir ihr Geplapper nachahmten. Das gefiel ihr stets. Sie polterte derart, daß sie ganz außer Atem kam, hielt erschöpft inne, schaute uns mit ihren flachen, wässerigen Froschaugen an und lachte ein wenig. Das erleichterte uns.

Später, als alle heimkamen, fiel es dem Vater ein, gerade uns zwei Kleinsten mit zur Mutter hinaufzunehmen. Er begriff nicht, weshalb wir uns dagegen wehrten, und wurde leicht ärgerlich.

Unsere Mutter hatte, als wir in die Kammer kamen, die Augen geschlossen, den schwarzen, kleinperligen Rosenkranz um die Hände gewunden, ihre Lippen bewegten sich, und flüsternd betete sie. Eine starke Hitze ging von ihr aus. Ihr knochiges Gesicht war ungesund rot, und als sie uns anschaute, war in ihren Augen ein weher, zugleich unruhiger Glanz. Sie tastete mit ihren zerarbeiteten, heißen Händen nach uns. Wir wagten nicht auszuweichen, ließen es mit uns geschehen und starrten furchtsam auf sie. Nebenher fragte der Vater, wie es ihr ginge, erzählte vom Begräbnis, und wer dabeigewesen sei. Unsere Mutter schien das alles kaum zu hören und gab nur hin und wieder gleichgültige Antworten. Sie hatte uns Kinder zu sich ans Bett herangezogen, streichelte und liebkoste uns mit ungewohnter Zärtlichkeit. Sie bekam Tränen in die Augen, wischte sie aber immer wieder schnell weg, nach und nach wurde ihr Gesicht erlöster, und auch sie sagte etwas davon, daß das kleine »Marei« jetzt schon bei den Engeln im Himmel droben sei. Wir erinnerten uns an das leblose Ding in dem weißen Spitzenhemdchen, und uns kamen die Engel und das In-den-Himmel-Kommen unheimlich, ja grausig vor.

»Der Doktor wird bald kommen«, sagte der Vater. Unsere Mutter dagegen meinte, es sei ihr schon besser, der Doktor koste bloß einen Haufen Geld, und wenn es »wem aufgesetzt sei, der müsse eben sterben, da helfe alles Kurieren nichts mehr«. Wir hörten nur das Wort »sterben«.

Beim Hinausgehen aus der Kammer hob uns der Vater empor, damit wir die Finger in den am Türstock hängenden Weihwasserkessel stecken konnten. Halblaut und schmeichelnd sagte er: »So, jetzt macht ein schönes Kreuz.« Wir aber waren so verstört, daß wir nur die nassen Händchen auf unseren Gesichtern abwischten ...

Der Doktor, ein großer, starker Mann mit einem

zerzausten Vollbartgesicht und einer Brille, dem wir alle mit scheuer Ehrfurcht begegneten, sagte nach einigen Besuchen zum Vater: »Sarg- und Leichenkosten, Herr Graf, die brauchen Sie jetzt nicht mehr zu fürchten ... Ich bin mit der Patientin zufrieden, nur, sie darf mir nicht wieder zu früh aufstehen.«

»Naja, Gott sei Dank!« meinte mein Vater. Gerade weil der Doktor stets alles so derb und unverblümt heraussagte, hatten die Leute Vertrauen zu ihm. Unser Vater überhaupt, der mochte studierte Menschen, die nichts aus sich machten, besonders gern.

»Aber jetzt, glaub' ich, langt Ihnen der ewige Familienzuwachs. Wie alt sind Sie? ... Fünfzig oder so was? ... Da könnten Sie doch einmal an was anderes denken«, warf der Doktor gutmütig hin.

»Jaja, einundfünfzig bin ich jetzt«, verbesserte ihn der Vater und lächelte schmal, »ich denk' schon lang an was anderes, aber die Resl muß erst gesund sein.« Der Doktor fragte nicht weiter und verabschiedete sich, nachdem er noch einmal wiederholt hatte: »Also, sie nicht zu früh aus dem Bett lassen!«

Als er nach ungefähr fünf Tagen wiederkam, war eine große Aufregung, denn unsere Mutter stand schon wieder am Herd in der Kuchl. Alles Dawiderreden und Schimpfen des Vaters hatte nichts geholfen. »So leg dich doch wenigstens jetzt, solang der Doktor da ist, ins Bett!« bedrängten sie alle. Vergeblich. Der Doktor kam draußen an den Fenstern vorüber und tauchte in der offenen Kuchltüre auf. Er blieb verdutzt stehen. Alle schauten fast schuldbewußt auf ihn.

»Ja-ja! Frau Graf?« fing der vollbärtige Mann zu poltern an, »was glauben Sie denn eigentlich? ... Wenn Sie jetzt wegsterben, bin ich schuld! Auf der Stell' gehen Sie ins Bett, marsch!«

»Ja, freilich!« rief meine Mutter und drehte sich mit leichtem Lächeln um, »freilich! ... Sterben tut man nicht so schnell! ... Wo käm' denn da das Hauswesen hin?«

»Wenn Ihnen das Hauswesen lieber ist als Ihr Leben, gut!« meinte der Doktor schon um einige Grade ruhiger, denn er mochte empfindliche Menschen nicht, und vielleicht war er sogar ein bißchen zufrieden. Er ging ganz in die Kuchl und sagte halb spöttisch zu unserem Vater: »Ich hab' immer gemeint, daß Sie regieren, Herr Graf? ... Fluchen können Sie doch so schön!«

»Tja, da machen Sie was gegen so einen katholischen Dickkopf!« hielt ihm der entgegen.

»Na gut ... Schauen wir einmal, wie lang Sie's aushalten, Frau Graf«, wandte sich der Doktor an unsere Mutter, die sich die nassen, mageren Arme abtrocknete. Wir mußten alle aus der Kuchl gehen. Nur der Vater blieb.

Wir gingen hinten beim Haus hinaus und kamen ins kleine Häusl, zur Kathl. Es war kaum Platz für uns alle in ihrer winzigen Nähstube. »Ja«, sagte die Kathl, »eure Mutter, die hat eine eiserne Natur, aber sie treibt ja Schindluder mit ihrer Gesundheit und verläßt sich bloß auf unseren Herrgott ... Das ist ja schön und recht, aber einmal mag auch der nicht mehr.«

Die Kathl nämlich hatte ein ganz sonderbares Verhältnis zum Herrgott und unterhielt sich, wenn sie allein in ihrer Stube saß, oft lange laut sprechend mit ihm, als stehe er leibhaftig vor ihr. Je nachdem ihr etwas geglückt oder mißlungen war, lobte oder schimpfte sie ihn, gleichsam als wäre sie mit ihm verheiratet. Sie, die von den zwei Vätern ihrer Kinder stehengelassen worden war, führte ein enges, armes Leben, aber sie blieb unverbittert. Ihre Schrullenhaftigkeit heimelte uns an, insbesondere schon deswegen, weil sie meistens heiter war und viele Geschichten von früher zu erzählen wußte.

Nachdem der Doktor weggefahren war, ließ sich unsere Mutter – wahrscheinlich, weil sie sich noch schwach fühlte – doch überreden, ab und zu während des Tages zu schlafen. Nach etlichen Wochen aber arbeitete sie wie immer. Die Krankheit schien langsam aus ihrem Körper zu weichen, und sie bekam für uns Kinder wieder das gewohnte Aussehen. Wir Jüngsten waren den ganzen Tag um sie und quengelten in sie hinein. Sie wurde wieder etwas für uns, das wir aus unserem Leben nicht mehr wegdenken konnten. Am Abend setzte sie sich auf das Kanapee, nahm die Binden von ihrem rot angelaufenen, offenen »Kindsfuß«, wusch die Wunde mit warmem Wasser, schmierte Butter um die Ränder und preßte – genau wie einst ihre Mutter – ein kühles Huflattichblatt darauf. Dann wickelte sie den Fuß wieder ein und ging zu Bett. Wir standen dabei um sie herum, die Älteren machten ihr ab und zu einen Handgriff, für uns Jüngste aber hatte dieser wunde Fuß nichts Erschreckendes. Unsere Mutter rührte sich ja, redete, ging jeden Tag herum und arbeitete – das verscheuchte jedes Gefühl von Kranksein oder Sterben ...

Der Vater gewann wieder seine Unternehmungslust. Er hatte dem Doktor nebenher eine Andeutung gemacht, daß er, sobald unsere Mutter gesund sei, »an was anderes denke als an Familienzuwachs«. Er war gut gelaunt und fuhr öfter ohne recht ersichtlichen Grund mit dem Fuhrwerk nach Starnberg hinüber. Dabei durfte ihn unser ältester Bruder, der sechzehnjährige Max, auf den er sehr stolz war, manchmal begleiten. Der war groß, hager, eckig und breitschulterig, hatte dasselbe längliche Gesicht wie Vater und kam sich wegen seines winzigen Bartansatzes zuweilen bereits als junger Mann vor. Er half auch schon nachts in der Bäckerei mit, was aber jetzt in dieser stillen Herbstzeit kaum nötig war. Obgleich er aber schon ein Jahr aus der »Sonn- und Feiertagsschule« war, konnte er zum Leidwesen des Vaters im Gegensatz zu allen anderen Geschwistern nur schlecht rechnen und immer noch nicht richtig lesen und schreiben. An manchen Tagen gab ihm der pensionierte, spitzbärtige Lehrer Strasser, der erst kürzlich ein kleines Häuschen in Berg bezogen hatte, Nachhilfestunden. Doch Max folgte ihm nicht. Er hielt den alten, zappligen Mann nur zum Narren, stieg lieber auf den hohen Bäumen des Gartens herum und lernte nichts. Eines Tages kam der Lehrer Strasser wütend daher und fauchte: »Wenn Ihr Lausbub so gern klettert, dann lassen Sie ihn lieber Dachdecker werden. Ich habe diese Impertinenz jetzt satt!« Impertinenz? Unserem Vater gefiel das Wort. Offenbar witterte er eine gute Eigenschaft Maxens dahinter. Er lachte und meinte: »Naja, wenn es so ist, gut. Er wird schon werden.« Krachend schlug der Lehrer die Ladentüre zu.

Nach dem Mittagessen fuhren Vater und Max fort, und erst bei Hereinbruch der Nacht kamen sie wieder zurück. Wir warteten stets gespannt auf sie, denn meistens brachte der Vater dünne Würste mit, auf die wir sehr gierig waren. Vier davon gab er der Mutter. Den Rest, der verteilt wurde, rauften die älteren Geschwister untereinander mit solchem Ungestüm aus, daß wir Jüngsten nie etwas davon bekamen. Der Vater fing schließlich bellend zu schimpfen an, und die Mutter war so unglücklich über den Streit, daß sie Anna und mir die ihr zugedachten Würste gab.

Schließlich schmatzten wir alle, und es war Ruhe.

»Was tust du denn jetzt so oft in Starnberg?« fragte die Mutter den Vater. Er erzählte allerhand und wich aus.

»So«, warf die Mutter hin und fragte nicht mehr weiter, aber hin und wieder sah sie schräg auf ihn.

Der Mehlreisende Irlinger aus München kam wieder öfter. Mit ihm besprach unser Vater seit jeher schwierige geschäftliche Dinge. Mit einem verborgenen, fast hilflosen Mißtrauen musterte unsere Mutter den altgewordenen, zaundürren Mann, lächelte zweiflerisch, wenn er einige freundliche, lustige Worte sagte, und meinte: »Wenn ich dich schon so oft sehe, da ist mir gar nicht wohl dabei ... Was wird euch wieder alles einfallen, dem Maxl und dir! Was Gescheites gewiß nicht, du Feinspinner!«

»Also Grafin! Bäckerin! ... Ich komm' nur, wenn der Maxl mich braucht«, deutete der listige Reisende geheimnisvoll an und lobte den Vater; aber unsere Mutter bekam kein besseres Gesicht davon. Die zwei Männer saßen in der nebenan liegenden Stube, redeten und rechneten. Die Mutter werkelte weiter, fragte nicht und kümmerte sich um nichts. Hin und wieder aber seufzte sie unvermerkt, und es schien uns, als sei sie unruhig.

Kurz nach Weihnachten erzählte der Vater, der Irlinger habe für den Max eine gute Lehrstelle als Konditor bei einem »Hoflieferanten Zech« ausfindig gemacht. Deutlich merkten wir, wie die Mutter aufatmete. »Soso, deswegen«, sagte sie erleichtert und redete nicht dawider. Wir saßen alle friedlich um den großen eschenen Tisch in der warm geheizten Kuchl. Jeder schaute auf den Max, der eine ernsthafte Miene machte. Sicher bewunderten ihn die älteren Geschwister, weil er über das In-die-Fremde-Gehen gar nicht geschreckt war. Unsere Mutter war wohl traurig, aber sie fand Irlingers diesmalige Ratschläge einleuchtend. Nach acht Tagen fuhr der Vater mit Max nach München und kam erst am anderen Tag wieder.

»Der Bub ist recht standhaft geblieben«, sagte er zufrieden. »Das Geschäft vom Zech ist gut ... Da lernt er was ... Wenn er Kuchen und Konfekt machen kann und kommt heim, das hat Zukunft. Die Herrschaften im Sommer wollen so was.«

Unsere Mutter fand sich darein, obgleich sie meinte, die Bäckerei sei auch schon Arbeit genug. Wir alle vermißten Max nicht weiter.

Indessen – sonderbar – der Irlinger kam immer wieder, den ganzen Winter hindurch. Die Mehlkammer war doch voll. Auf irgendeine Bestellung konnte er also nicht rechnen. Dennoch blieb er manchmal sogar über Nacht, und das Besprechen zwischen ihm und dem Vater ging weiter. Hin und wieder gingen sie zum Bier ins Hotel Leoni hinaus oder zum Wiesmaier hinunter und kamen dann leicht betrunken tief in der Nacht heim.

An einem Nachmittag, als die älteren Geschwister noch nicht von der Schule heimgekommen waren, saß der Vater allein in der Stube am Schreibtisch. Anna und ich spielten in der Kuchl auf dem Boden mit den zerbrochenen Spielsachen von Weihnachten her. Unsere Mutter saß neben der »alten Resl« auf dem Kanapee und stopfte zerrissene Socken und Strümpfe. Ab und zu stand sie auf, ging an den Herd und stocherte mit dem Holzlöffel im Saufutter, das auf dem Herd kochte. Draußen bleichte der Tag. Im Vorgarten schmolz der Schnee, und eintönig tropfte es von den Dächern.

»Resl?« rief der Vater.

»Ja«, gab Mutter an.

»Geh einmal her«, sagte er und machte die Stubentüre weit auf. Er hatte ein großes, steifes, auseinandergefaltetes Papier in der Hand, und als jetzt die Mutter in der Stube war, sagte er: »Schau her, das ist der Plan.«

»Plan? ... Was für ein Plan?« fragte sie und bekam ein unglückliches Gesicht, »willst du vielleicht wieder bauen?«

»Ja, es geht nicht mehr so«, antwortete er, »gleich wenn's Frühjahr da ist, wird angefangen ... Der Fischhaber von Starnberg übernimmt den Bau ... Da, so wird's.« Er wollte ihr den Plan zeigen. Sie aber schaute nicht hin. Sie wurde nur noch trauriger und fing wehmütig und verdrossen zu jammern an, wo er denn das Geld hernehmen wolle und ob die Schulden noch größer werden sollten.

»Mit deinem falschen Irlinger!« hörten wir sie sagen, »mir wird nichts gesagt ... Ich sag' ja, hm, ich sag' ja!«

Der Vater wurde dringlicher, wurde lauter, und auf einmal fing er sein besessenes Fluchen an. Wir liefen in die Stube. Weinend stand die Mutter da und rief immerzu in dieses Wüten hinein: »Max! Aber Max, um Gottes Himmels Christi willen, Max!« Wir rannten entsetzt auf sie zu und klammerten uns an ihren Rock. Dabei merkten wir, daß ihre Beine stark zitterten. Ihr ganzer Körper zitterte.

»Max, so laß doch reden mit dir! Max! Du ruinierst uns doch! Max?!« schrie sie flehend, und auch wir fingen jetzt schreiend zu weinen an. Unser Vater aber bellte immer furchtbarer. Meine Schwester preßte ihren Kopf in Mutters Faltenrock und zog und zerrte daran. Ich starrte auf den Vater, der alle Fassung verloren zu haben schien. Er war kreidebleich, fuchtelte mit dem steifen Plan-Papier herum, schrie und bekam schließlich sogar dünnen Schaum vor dem Mund. »Dir kann man nichts sagen! ... Du hast ja nichts wie immer Angst, Angst und nochmals Angst und willst nie was anderes als immer auf dem gleichen Fleck rakkern und rackern, bis du umfällst!« brüllte er und hielt ihr wieder den Plan hin. »Da ... Und Geld krieg' ich! Kredit hab' ich! ... Herrgottsakramentsakrament!«

»Jaja, ja, mach nur! ... Ich sag' nichts mehr! Gar nichts mehr!« sagte unsere Mutter ganz verdrossen. Das brachte ihn erst recht auf.

»Jaja, ja! ... Jaja! ... So machst du's immer!« schrie er und zerriß plötzlich in einem sinnlosen Wutanfall den Plan. Er rannte auf die Bank, die an der Mauer entlang lief, griff nach den aufeinandergestellten, vollen Milchweiglingen und schmiß einen nach dem anderen auf den Boden. Es spritzte, klatschte, und die Scherben flogen nach allen Seiten, und je mehr er kaputt warf, um so wilder wurde er.

»Max! Mein Gott! Max?!« jammerte unsere Mutter und sackte auf einen Stuhl nieder. Ihr Kopf fiel auf den mit grüner Ölfarbe gestrichenen Tisch, und sie verbarg ihn mit den Armen. Sie schluchzte stoßweise. Noch nie hatten wir sie so gesehen.

»Jetzt geh' ich! Ich sauf' lieber! ... Reden kann man ja doch nicht! Gebaut wird nicht!« schrie der Vater und stampfte aus der Stube. Die Tür flog zu, kleine Mauerstücke lösten sich und fielen herab, die Tür der Kuchl krachte ebenso zu. Nur noch das Schluchzen der Mutter erfüllte die Stube. Schauerlich klang es.

»Mein Gott! Mein Gott! Nie ist Frieden, nie! ... Wenn ich doch gestorben wär'!« verstanden wir, und es erfaßte uns ein jäher Schrecken, ein unsagbarer Schmerz.

»Nein! Nein, Mutter! Nein, nicht sterben! Nicht sterben!« weinten wir heftiger auf und klammerten uns an ihre Arme. »Nicht sterben, Mutter!« Etwas bis dahin Unfaßbares wurde uns auf einmal bewußt ...

Als später die älteren Geschwister von der Schule heimkamen, war die Stube schon wieder aufgeräumt. Unsere Mutter gab auf ihre Fragen nicht an. Sie hatte ein zerweintes Gesicht, und von Zeit zu Zeit traten immer wieder Tränen in ihre Augen, die sie geschwind wegwischte.

Wir zwei Jüngsten spielten nicht mehr, redeten kaum einmal ein Wort, sahen nur hin und wieder auf und suchten bang ihren Blick. Einmal, als es niemand sah, streichelte sie zart, zitternd und wie beschämt über unser dünnes Haar. Eine große Wärme durchrieselte uns dabei.

Matthias Claudius
Die Mutter bei der Wiege

Schlaf, süßer Knabe, süß und mild!
  Du deines Vaters Ebenbild!
Das bist du; zwar dein Vater spricht,
  Du habest seine Nase nicht.

Nur eben itzo war er hier
  Und sah dir ins Gesicht,
Und sprach: »Viel hat er zwar von mir,
  Doch meine Nase nicht.«

Mich dünkt es selbst, sie ist zu klein,
  Doch muß es seine Nase sein,
Denn wenn's nicht seine Nase wär,
  Wo hättst du denn die Nase her?

Schlaf, Knabe, was dein Vater spricht,
  Spricht er wohl nur im Scherz;
Hab immer seine Nase nicht,
  Und habe nur sein Herz!

Doris Lessing
Durch den Tunnel

Als er am ersten Morgen seiner Ferien zum Strand ging, machte der englische Junge bei einer Wegbiegung halt und blickte auf eine wild zerklüftete Bucht hinunter und dann hinüber zu dem überfüllten Badestrand, den er von früheren Jahren her so gut kannte. Seine Mutter, die vor ihm herging, trug in der einen Hand eine hellgestreifte Tasche. Ihr anderer Arm, der locker hin und herschwang, sah in der Sonne schneeweiß aus. Der Junge sah sich interessiert diesen nackten weißen Arm an und richtete dann seinen Blick, in dem sich Mißfallen verbarg, auf die Bucht und wieder auf seine Mutter. Als sie bemerkte, daß er nicht in ihrer Nähe war, drehte sie sich um. »Ach, da bist du, Jerry!« sagte sie. Sie sah ungeduldig aus, dann lächelte sie. »Liebling, willst du vielleicht nicht mit mir kommen? Willst du vielleicht lieber –?« Sie runzelte die Stirn und grübelte, welchen Zeitvertreib er sich wohl heimlich ersehnte und ob sie vielleicht zu beschäftigt oder auch zu gleichgültig gewesen war, sich diesen vorzustellen. Ihm war dieses besorgte Entschuldigungslächeln sehr vertraut. Ein Gefühl der Reue ließ ihn hinter ihr herlaufen. Und dennoch blickte er, als er zu ihr rannte, auf die wilde

Bucht zurück, und den ganzen Vormittag über, während er auf dem sicheren Badestrand spielte, dachte er an diese Bucht.

Am nächsten Morgen, als es Zeit für das übliche Schwimmen und Sonnenbaden war, fragte seine Mutter: »Langweilst du dich auf unserem Badestrand, Jerry? Möchtest du woanders hin?«

»Nein, nein!« antwortete er rasch und lächelte sie mit jener nie ausbleibenden Regung der Reue an – einer Art von Ritterlichkeit. Als er jedoch den Weg mit ihr hinunterstieg, brach es aus ihm heraus: »Ich würde ganz gern mal die Felsen da unten anschauen.«

Sie mußte seinen Wunsch erst bedenken. Es war eine wild aussehende Gegend, und niemand war dort; aber sie sagte: »Natürlich, Jerry. Wenn du genug hast, dann komm an den großen Badestrand. Oder geh, wenn du willst, gleich zum Haus zurück.« Sie ging davon; der nackte Arm, jetzt leicht gerötet von der gestrigen Sonne, schwang hin und her. Und beinah wäre er wieder hinter ihr hergerannt, da er es unerträglich fand, daß sie ganz allein gehen sollte; aber er tat es nicht.

Sie dachte bei sich: Natürlich ist er alt genug, daß ihm auch ohne mich nichts passiert. Habe ich ihn etwa zu eng an mich gebunden? Er darf nicht das Gefühl haben, er müßte bei mir bleiben. Ich muß da achtgeben.

Er war ein Einzelkind, elf Jahre alt. Sie war Witwe, entschlossen, weder besitzergreifend zu sein noch es ihm an Liebe fehlen zu lassen. Voller Sorge ging sie zu ihrem Badestrand davon.

Sobald Jerry sah, daß seine Mutter ihren Strand erreicht hatte, begann er den steilen Abstieg zur Bucht. Von seinem Platz aus, hoch oben zwischen rotbraunen Felsen, erschien sie ihm wie eine Mulde voll bewegtem bläulichem Grün, eingesäumt von Weiß. Als er weiter hinunterkletterte, sah er, daß sie sich zwischen kleinen Felsvorsprüngen und Schluchten aus schroffem, scharfem Gestein ausdehnte, und die gekräuselte, schwappende Oberfläche zeigte Flecken von Purpur und tieferem Blau. Als er endlich die letzten Meter rasch hinunterglitt und rutschte, sah er den Saum der weißen Brandung und die glitzernde, seichte Bewegung des Wassers über weißem Sand und weiter draußen massives Tiefblau.

Er rannte sofort ins Wasser und begann zu schwimmen. Er war ein guter Schwimmer. Schnell glitt er über den leuchtenden Sand hinaus, über eine mittlere Zone, wo Felsbrocken wie ausgebleichte Ungeheuer unter der Oberfläche lagen, und war dann im richtigen Meer – einem warmen Meer, in dem unregelmäßige kalte Strömungen aus der Tiefe seinen Körper schockartig erfaßten.

Als er so weit draußen war, daß er nicht nur auf die kleine Bucht, sondern auch über den Felsvorsprung hinaus sehen konnte, der sie vom großen

Badestrand trennte, ließ er sich auf der Wasseroberfläche treiben und hielt Ausschau nach seiner Mutter. Da war sie, ein kleiner gelber Fleck unter einem Sonnenschirm, der wie ein Stück Orangenschale aussah. Er schwamm zur Küste zurück, erleichtert durch die Gewißheit, daß sie dort war, doch auf einmal sehr einsam.

Am Rande einer Felsnase, die die andere Seite der Bucht, gegenüber dem Felsvorsprung, markierte, lagen einzelne, lose verstreute Felsbrocken umher. Darüber streiften sich einige Jungen gerade ihre Kleider ab. Nackt kamen sie zu den Felsen heruntergelaufen. Der englische Junge schwamm auf sie zu, aber er hielt sich einen Steinwurf weit von ihnen entfernt. Sie stammten von dieser Küste; alle waren gleichmäßig dunkelbraun gebrannt und redeten in einer Sprache, die er nicht verstand. Ihn durchdrang heftige Sehnsucht, bei ihnen zu sein, einer der ihren zu sein. Er schwamm ein wenig näher; sie drehten sich um und beobachteten ihn mit wachsam zusammengekniffenen dunklen Augen. Dann lächelte einer von ihnen und winkte ihm. Das war das Zeichen. Blitzschnell hatte er sie erreicht und stellte sich neben sie auf die Felsen; nervös und verzweifelt-flehend lächelte er sie an. Sie begrüßten ihn lautstark und fröhlich; doch dann, als er sein nervöses, verständnisloses Lächeln beibehielt, begriffen sie, daß er ein Ausländer war, der sich von seinem eigenen Badestrand hierher verirrt hatte, und sie begannen, ihn nicht weiter zu beachten. Aber er fühlte sich glücklich. Er war bei ihnen.

Sie sprangen immer wieder von einer hohen Stelle aus mitten hinein in einen Brunnen blauen Meerwassers, umgeben von schroffem scharfspitzigem Felsgestein. Nachdem sie getaucht hatten und wieder an die Oberfläche gelangt waren, schwammen sie zurück, zogen sich hinauf und warteten, bis sie erneut an die Reihe kamen, zu springen. Es waren große Jungen – für Jerry Männer. Er tauchte, und sie beobachteten ihn; und als er zurückschwamm, um seine Stelle einzunehmen, machten sie ihm Platz. Er spürte, daß er akzeptiert wurde, und tauchte wieder, vorsichtig, stolz auf sich.

Bald stellte sich der größte der Jungen in Positur, schoß ins Wasser und kam nicht mehr hoch. Die anderen standen herum und sahen zu. Als Jerry lange darauf gewartet hatte, daß der glatthaarige braune Kopf wieder erschiene, stieß er einen warnenden Schrei aus; sie blickten ihn flüchtig an und wandten ihre Blicke zurück aufs Wasser. Nach langer Zeit tauchte der Junge auf der anderen Seite eines großen Felsens auf, stieß prustend die Luft aus den Lungen und ließ einen triumphierenden Schrei ertönen. Sofort tauchte der Rest von ihnen hinunter. Einen Augenblick lang schien der Morgen voll schwatzender Jungen zu sein, im nächsten waren Luft und Meeroberfläche leer. Aber durch das Tiefblau konnte man dunkle Gestalten sehen, wie sie sich tastend vorwärtsbewegten.

Jerry tauchte, schoß an der Schule der Unterwasserschwimmer vorbei, entdeckte eine schwarze Felswand, die sich drohend vor ihm abzeichnete, berührte sie und schnellte sofort an die Oberfläche hoch, wo die Wand eine niedrige Barriere war, über die er hinwegblicken konnte. Niemand war zu sehen; die undeutlichen Umrisse der Schwimmer unter ihm im Wasser waren verschwunden. Dann tauchte einer, dann ein zweiter der Jungen am entfernten Ende der Felsbarriere auf, und ihm wurde klar, daß sie durch eine Lücke oder ein Loch hindurch geschwommen sein mußten. Er tauchte wieder tief hinab. Durch das in die Augen beißende Salzwasser konnte er nichts als den nackten Felsen sehen. Als er hochkam, waren sie alle auf dem Sprungfelsen, bereit, erneut das Bravourstück zu wagen. Und jetzt, in panischer Angst zu versagen, schrie er gellend auf Englisch: »Schaut mich an! Schaut doch!« und begann wie ein närrisch gewordener Hund im Wasser zu platschen und um sich zu schlagen.

Sie blickten ganz ernst hinunter, mit gerunzelter Stirn. Er kannte dieses Stirnrunzeln. In Augenblikken des Versagens, wenn er sich wie ein Hanswurst benahm, um die Aufmerksamkeit seiner Mutter zu erheischen, bedachte sie ihn mit genau diesem ernsten, peinlich berührten, prüfenden Blick. In einem Gefühl brennender Scham, denn er fühlte das flehentlich bittende Grinsen auf seinem Gesicht wie eine Narbe, die niemals zu entfernen war, blickte er zu der Gruppe von großen braunen Jungen auf dem Felsen empor und schrie: *»Bonjour! Merci! Au revoir! Monsieur, monsieur!«*, während er seine Finger um die Ohren legte und mit ihnen wackelte.

Wasser drang plötzlich in seinen Mund; es nahm ihm den Atem, er sank, kam wieder hoch. Der Felsen, kurz zuvor noch mit den Jungen befrachtet, schien sich im Wasser aufzubäumen, als ihr Gewicht von ihm genommen wurde. Sie flogen an ihm vorbei in die Tiefe; die Luft schwirrte von fallenden Körpern. Dann lag der Felsen leer im heißen Sonnenlicht. Er zählte eins, zwei, drei ...

Bei fünfzig überfiel ihn schreckliche Angst. Sie mußten doch alle ertrinken, dort unten in den mit Wasser angefüllten Felsenhöhlen! Bei hundert suchte er mit den Augen den menschenleeren Abhang ab und fragte sich, ob er um Hilfe schreien sollte. Er zählte schneller, schneller, um sie anzutreiben, doch aufzusteigen, um sie rasch an die Oberfläche zu bringen, um sie rasch ertrinken zu lassen – alles eher als dieser Schrecken, immer weiter in die blaue Leere des Morgens hinein zählen zu müssen. Und dann, bei hundertundsechzig, war das Wasser hinter dem Felsen voller Jungen, die wie braune Wale prusteten. Sie schwammen zur Küste zurück, ohne ihm einen Blick zuzuwerfen.

Er kletterte auf den Sprungfelsen hinauf und setzte sich; unter seinen Schenkeln fühlte er die heiße Rauheit des Felsens. Die Jungen sammelten ihre Kleidungsstücke auf und rannten den Strand entlang zu einem anderen Vorsprung. Sie gingen fort, um ihn loszusein. Er weinte hemmungslos, die Fäuste in die Augen geballt. Es gab niemanden, der ihn sehen konnte, und so weinte er sich aus.

Es kam ihm vor, als sei eine lange Zeit vergangen, er schwamm ins Meer hinaus, bis dorthin, wo er seine Mutter sehen konnte. Ja, da war sie noch, ein gelber Fleck unter einem orangefarbenen Sonnenschirm. Er schwamm zu dem großen Felsen zurück, kletterte hinauf und machte dann einen Kopfsprung hinein in den blauen See zwischen den grimmig gezackten Felsbrocken. Er tauchte tiefer, bis er wieder die Felswand berührte. Aber das Salz brannte so sehr in seinen Augen, daß er nichts sehen konnte.

Er kam an die Oberfläche, schwamm zum Ufer und ging zum Haus zurück, um auf seine Mutter zu warten. Bald schon kam sie langsam den Weg heraufgestiegen, ihre gestreifte Tasche schlenkernd, auch der gerötete nackte Arm schwang hin und her. »Ich möchte eine Taucherbrille«, sagte er keuchend, trotzig und bittend zugleich.

Sie warf ihm einen geduldigen, forschenden Blick

zu, als sie beiläufig sagte: »Aber natürlich, mein Liebling.«

Aber jetzt, jetzt, jetzt gleich! Er mußte sie sofort haben und nicht ein ander Mal. Er bohrte und quälte so lange, bis sie mit ihm zu einem Geschäft ging. Sobald sie die Taucherbrille gekauft hatte, riß er sie ihr aus der Hand, als wenn sie diese für sich beanspruchen wollte, und schon rannte er damit den steilen Weg zur Bucht hinunter.

Jerry schwamm hinaus zur großen Felsbarriere, setzte die Taucherbrille auf und machte einen Kopfsprung. Der Wasserdruck drang in das mit Gummi eingefaßte Vakuum, und die Taucherbrille lockerte sich. Er begriff, daß er von der Wasseroberfläche aus zum Felssockel hinunter tauchen mußte. Er befestigte die Taucherbrille ganz straff, atmete tief ein und ließ sich, das Gesicht nach unten, auf dem Wasser treiben. Nun konnte er sehen. Es war, als hätte er Augen anderer Art – Fischaugen, die ihm alles deutlich, fein und wogend im glasklaren Wasser zeigten.

Unter ihm, in etwa zwei Meter Tiefe, lag ein Boden aus vollkommen sauberem weißem Sand, von Ebbe und Flut in kleine erstarrte Wellen geriffelt. Zwei graue Schatten schwammen dort, wie längliche, gerundete Holz- oder Schieferstücke. Es waren Fische. Er sah, wie sie sich vorsichtig aufeinander zu bewegten, regungslos verharrten, vorschossen, abbogen und sich wieder umdrehten. Es war wie ein Wassertanz. Einige Zentimeter darüber sprühte das Wasser Funken, als fielen Zechinen hindurch. Wieder Fische – Myriaden von winzigen Fischen, nicht länger als sein Fingernagel – stoben durch das Wasser, und einen Augenblick lang konnte er ihre unzähligen, kaum spürbaren Berührungen auf seinem Körper fühlen. Es war, als schwämme er zwischen lauter Silberflecken. Der mächtige Felsen, durch den die großen Jungen geschwommen waren, erhob sich jäh aus dem weißen Sand – schwarz, mit Büscheln grünlicher Wasserpflanzen. Er konnte keinen Spalt erkennen. Er schwamm hinunter bis zu seinem Sockel.

Immer wieder tauchte er auf, pumpte die Lungen voll Luft und ging runter. Immer wieder tastete er über die Oberfläche des Felsens, befühlte ihn, umarmte ihn schon beinah in dem verzweifelten Drang, den Eingang zu finden. Und dann auf einmal, als er sich an der schwarzen Wand festhielt, kamen seine Knie hoch, und er stieß seine Füße nach vorn und fand keinen Widerstand. Er hatte das Loch entdeckt.

Er tauchte auf, kletterte zwischen den Steinen umher, die verstreut auf der Felsbarriere lagen, bis er einen großen Brocken fand, hielt diesen mit beiden Armen umschlungen und ließ sich an dem Felsen hinabgleiten. Er sank mit dem Gewicht direkt bis auf den sandigen Grund. Sich fest an den Ankerstein klammernd, lag er auf der Seite und blickte unter die dunkle Felsplatte, wo seine Füße verschwunden waren. Er konnte das Loch sehen. Es war ein unregelmäßiger, dunkler Spalt; aber er konnte nicht weit genug hineinblicken. Er ließ seinen Anker fahren, umklammerte die Ränder des Lochs und versuchte, sich hineinzuzwängen.

Er kam mit dem Kopf durch, spürte, daß seine Schultern eingeklemmt waren, bewegte sie seitlich hinein und war bis zur Hüfte drinnen. Er konnte vor sich nichts sehen. Etwas Weich-Klebriges berührte seinen Mund; er sah, wie sich ein dunkler Wedel vor dem grauen Felsen bewegte, und geriet in Panik. Er dachte an Kraken, Schlingpflanzen. Er stieß sich zurück nach draußen und konnte bei seinem Rückzug einen flüchtigen Blick auf einen harmlosen Tangwedel werfen, der in der Tunnelöffnung trieb. Aber ihm reichte es. Er tauchte wieder ans Sonnenlicht, schwamm zum Strand und legte sich auf den Sprungfelsen. Er blickte in den blauen Brunnen hinunter. Er wußte, den Weg durch diese Höhle, dieses Loch, diesen Tunnel mußte er finden und an der anderen Seite herauskommen.

Als erstes, überlegte er, müßte er lernen, das Atmen zu beherrschen. Er ließ sich mit einem anderen großen Stein in den Armen im Wasser hinabgleiten, so daß er ohne Kraftaufwand auf dem Meeresboden liegen konnte. Er zählte. Eins, zwei, drei. Ganz gleichmäßig. Er konnte das Pochen des

Blutes in seiner Brust hören. Einundfünfzig, zweiundfünfzig ... Seine Brust schmerzte. Er ließ den Stein los und schnellte nach oben. Er sah, daß die Sonne unterging. Er eilte zum Haus, wo seine Mutter gerade beim Abendessen saß. Sie sagte nur: »Hast du Spaß gehabt?«, worauf er mit »Ja« antwortete.

Die ganze Nacht hindurch träumte der Junge von der Wasserhöhle in den Felsen, und sobald er gefrühstückt hatte, ging er zur Bucht.

Am Abend blutete seine Nase stark. Stundenlang war er unter Wasser gewesen, hatte geübt, den Atem anzuhalten, und nun fühlte er sich schwach und schwindlig. Seine Mutter sagte: »An deiner Stelle, Liebling, würde ich es nicht übertreiben.«

Auch am folgenden Tag trainierte Jerry seine Atmung, so als hinge alles, sein ganzes Leben, alles, was er werden könnte, davon ab. Wieder blutete abends seine Nase, und seine Mutter bestand darauf, daß er am nächsten Tag mit ihr kam. Es war qualvoll, einen vollen Tag sorgfältigen Selbsttrainings zu vergeuden, aber er blieb mit ihr auf dem anderen Badestrand, der ihm jetzt wie ein Kinderspielplatz vorkam, etwas, wo seine Mutter ruhig in der Sonne liegen mochte. Sein Strand war es nicht.

Am nächsten Tag fragte er nicht um Erlaubnis, ob er zu seinem Strand gehen dürfe. Er ging, bevor seine Mutter das komplizierte Für und Wider des Ganzen bedenken konnte. Daß er einen Tag ausgesetzt hatte, bewirkte, wie er jetzt merkte, daß er zehn Sekunden länger zählen konnte. Die großen Jungen hatten den Durchgang bei hundertsechzig geschafft. Er hatte in seiner Angst sehr schnell gezählt. Wenn er es jetzt versuchte, könnte er wahrscheinlich den langen Tunnel schaffen, aber er hatte es nicht schon jetzt vor. Eine merkwürdige, ganz unkindliche Hartnäckigkeit, eine kontrollierte Ungeduld, ließen ihn abwarten. In der Zwischenzeit lag er unter Wasser auf dem weißen Sand, der nun übersät war mit Steinen, die er von oben heruntergebracht hatte, und studierte den Eingang zum Tunnel. Er kannte, soweit er überhaupt sehen konnte, jeden Vorsprung und jede Windung. Es war, als spürte er bereits die scharfen Kanten an seinen Schultern. Wenn seine Mutter nicht in der Nähe war, saß er im Landhaus neben der Uhr und kontrollierte seine Zeit. Er war zunächst ungläubig, dann stolz, als er herausfand, daß er seinen Atem mühelos zwei Minuten lang anhalten konnte. Die Worte »zwei Minuten«, deren Richtigkeit die Uhr bewiesen hatte, brachten ihm das Abenteuer nahe, das er so sehnlichst brauchte.

In vier Tagen, sagte seine Mutter eines Morgens beiläufig, müßten sie wieder nach Hause. Am Vortag ihrer Abreise würde er es tun, selbst wenn er dabei draufging, sagte er sich trotzig. Aber zwei Tage vor der Abreise – welch ein glorreicher Tag, als er sich um fünfzehn Sekunden steigern konnte – blutete seine Nase so stark, daß ihm schwindlig wurde und er sich kraftlos auf den großen Felsen legen mußte wie ein Stück Seetang, und er beobachtete, wie das dicke Blut auf den Felsen floß und langsam ins Meer tropfte. Er hatte Angst. Angenommen, ihm wurde im Tunnel schwindlig? Angenommen, er starb dort wie in einer Falle? Angenommen – ihm drehte sich alles vor Augen in der heißen Sonne, und beinah hätte er aufgegeben. Er überlegte, er sollte zum Haus zurückkehren und sich hinlegen, und im nächsten Sommer vielleicht, wenn er ein Jahr älter war – *dann* würde er durch das Loch hindurchschwimmen.

Aber selbst nachdem er sich entschlossen hatte oder es zumindest glaubte, ertappte er sich dabei, wie er sich auf dem Felsen aufrichtete und in das Wasser hinabblickte; und er wußte, daß jetzt, in diesem Augenblick, wo seine Nase eben zu bluten aufgehört hatte, wo sein Kopf noch schmerzte und pochte –, daß jetzt der Augenblick gekommen war, es zu versuchen. Wenn er es jetzt nicht wagte, würde er es niemals tun. Er zitterte vor Angst, daß er es nicht tun würde; und er zitterte vor Schrekken bei dem Gedanken an den langen, langen Tunnel unter dem Felsen, unter dem Meer. Selbst im hellen Sonnenlicht erschien ihm die Felsbarriere ungeheuer breit und sehr wuchtig; tonnenschweres Felsgestein lastete dort, wo er hindurchtauchen mußte. Wenn er da unten stürbe, würde er liegenbleiben, bis ihn eines Tages – vielleicht erst im nächsten Jahr – die großen Jungen finden würden, wenn sie dort hineinschwömmen und den Tunnel blockiert fänden.

Er setzte die Taucherbrille auf, schnallte sie ganz eng, überprüfte das Vakuum. Seine Hände zitterten. Dann wählte er sich den größten Stein aus, den er tragen konnte, und rutschte über den Felsrand, bis er zur Hälfte im kühlen, ihn umschließenden Wasser war und zur anderen Hälfte in der heißen Sonne. Er blickte einmal hinauf in den leeren Himmel, füllte seine Lungen einmal, zweimal mit Luft und sank dann schnell mit dem Stein auf den Grund. Er ließ ihn los und begann zu zählen. Er packte mit den Händen die Kanten der Felsöffnung und zog sich hindurch, bewegte erst die eine Schulter dann die andere vor, wie er es sich gemerkt hatte, stieß sich mit den Füßen vorwärts.

Bald schon befand er sich im Innern, in einer kleinen von Felsen umschlossenen Höhle mit gelblich grauem Wasser. Die Decke war scharfkantig und schnitt in seinen Rücken. Er zog sich mit den Händen entlang – schnell, schnell –, wobei er seine Füße wie Hebel einsetzte. Sein Kopf schlug gegen etwas, ein scharfer Schmerz betäubte ihn. Fünfzig, einundfünfzig, zweiundfünfzig ... Kein Licht war da, und das Wasser schien wie ein Felsen auf ihm zu lasten. Einundsiebzig, zweiundsiebzig ... Kein

Druck auf seiner Lunge. Er fühlte sich wie ein aufgeblasener Ballon, sein Atem ging so leicht und schwerelos, doch pochte es in seinem Kopf.

Ständig wurde er gegen die scharfkantige Decke gedrängt, die sich glitschig und gleichzeitig rauh anfühlte. Wieder dachte er an Kraken und fragte sich, ob der Tunnel wohl voll mit Tang sei, der ihn umschlingen könnte. Er stieß sich in krampfhafter Panik ab, zog den Kopf ein und schwamm los. Seine Füße und Hände hatten freien Bewegungsraum wie im offenen Meer. Die Höhle mußte breiter geworden sein. Er glaubte recht schnell zu schwimmen, und hatte Angst, daß er sich, wenn der Tunnel sich verengte, den Kopf anschlagen könnte. Hundert, einhundertundeins ... Das Wasser wurde heller. Triumph erfüllte ihn. Seine Lungen begannen zu schmerzen. Einige weitere Schwimmstöße und er wäre draußen. Er zählte wie wild; einhundertfünfzehn und, nach einer Weile, nochmal einhundertfünfzehn. Das Wasser um ihn herum war von einem klaren Juwelengrün. Da entdeckte er über seinem Kopf einen Spalt, der den Felsen hinauflief. Sonnenlicht fiel herein, zeigte das glatte, dunkle Felsgestein des Tunnels, eine einzelne Muschelschale und weiter vorne Dunkelheit.

Er war am Ende seiner Kräfte. Er schaute hinauf zum Spalt, als wäre dieser mit Luft und nicht mit Wasser gefüllt, als könnte er seinen Mund daranlegen und Luft schnappen. Einhundertfünfzehn hörte er sich zählen – aber das hatte er schon vor langer Zeit gesagt. Er mußte weiter hinein in die Dunkelheit vor ihm, sonst würde er ertrinken. Sein Kopf schwoll, seine Lungen schienen zu bersten. Einhundertfünfzehn, einhundertfünfzehn hämmerte es in seinem Gehirn, er klammerte sich kraftlos an die Felswand im Dunkeln, zog sich vorwärts, hinter ihm blieb die kurze Strecke mit dem sonnendurchschienenen Wasser. Er spürte, daß er sterben würde. Er war nicht mehr ganz bei Bewußtsein. Er kämpfte sich in der Dunkelheit weiter, mit Anfällen von Bewußtlosigkeit. Ein ungeheurer anschwellender Schmerz tobte in seinem Kopf, und dann zerbarst die Dunkelheit in ein explodierendes grünes Licht. Seine vorwärtsgreifenden Hände trafen ins Leere, und seine Füße, die nach hinten ausstießen, trieben ihn hinaus aufs offene Meer.

Er kam an die Oberfläche, sein Gesicht tauchte aus dem Wasser hoch. Er schnappte nach Luft wie ein Fisch. Ihm war, als müßte er jetzt untergehen und ertrinken; als könnte er die wenigen Meter zurück zum Felsen nicht mehr schwimmen. Dann klammerte er sich an ihm fest und zog sich hoch. Er blieb mit dem Gesicht nach unten liegen, keuchend. Er konnte nichts sehen als ein rotgeädertes, klumpiges Dunkel. Seine Augen mußten geplatzt sein, dachte er, mußten voller Blut sein. Er riß die

Taucherbrille herunter, und ein Blutstrahl ergoß sich ins Meer. Seine Nase blutete, und das Blut hatte sich in der Taucherbrille angesammelt.

Er schöpfte einige Handvoll Wasser aus dem kühlen salzigen Meer, um es auf sein Gesicht zu spritzen, und wußte nicht, ob er Blut oder Salzwasser schmeckte. Nach einer Weile ging sein Herzschlag ruhiger, seine Augen sahen klarer, er richtete sich auf. Er konnte sehen, wie die einheimischen Jungen etwa einen Kilometer entfernt tauchten und herumtollten. Er wollte nicht bei ihnen sein. Er wollte nichts anderes, als nach Hause gehen und sich hinlegen.

Schnell schwamm Jerry zum Badestrand und stieg langsam den Weg zum Haus hinauf. Er warf sich auf sein Bett und schlief ein; er erwachte durch das Geräusch von Schritten auf dem Weg draußen. Seine Mutter kam zurück. Er huschte ins Badezimmer, sie mußte ja nicht sein blut- oder tränenverschmiertes Gesicht sehen. Er kam aus dem Badezimmer und begegnete ihr, als sie lächelnd das Haus betrat; ihre Augen leuchteten auf.

»Schönen Vormittag gehabt?« fragte sie und legte ihre Hand einen Augenblick lang auf seine warme braune Schulter.

»Och, ja, danke«, erwiderte er.

»Du siehst ein bißchen blaß aus.« Und dann schrill und ängstlich: »Wo hast du dir denn den Kopf aufgeschlagen?«

»Halt angestoßen«, antwortete er.

Sie warf ihm einen prüfenden Blick zu. Er sah abgespannt aus, seine Augen waren verschleiert. Sie machte sich Sorgen. Und dann sagte sie sich: Reg dich nicht auf! Es kann ja nichts passieren. Er schwimmt wie ein Fisch.

Sie setzten sich zum gemeinsamen Mittagessen.

»Mami«, sagte er, »ich kann zwei Minuten lang unter Wasser bleiben – also, mindestens drei Minuten.« Es sprudelte aus ihm heraus.

»Wirklich, Liebling?« sagte sie. »Nun, ich würde es nicht übertreiben. Ich glaube, heute solltest du nicht mehr schwimmen.«

Sie war auf einen Kampf gefaßt: Willen gegen Willen, aber er gab sofort nach. Es bedeutete ihm überhaupt nichts mehr, zu der Bucht zu gehen.

Ursula Haucke
Mit leeren Händen, aber vollen Herzen oder so

Heute nachmittag ist mir plötzlich was Schreckliches eingefallen! Nämlich daß Mama am Sonnabend Geburtstag hat, und wir haben es total vergessen und kein Geschenk und gar nichts! Aber es hat auch keiner ein Pieps von Geburtstag gesagt, und sonst reden sie immer schon ewig vorher, wie man bloß alles machen kann! Weil es so kompliziert ist. Tante Helma kommt immer von allein und bringt eine blöde Sammeltasse mit. Und sie will dann jedesmal alle anderen Tassen sehen, die sie schon hundert Jahre lang schenkt, und Mama muß vorher stundenlang suchen, wo sie sie bloß verkramt hat. Dann ist noch das Theater mit Onkel Fred und Onkel Heinz, weil die verkracht sind bis ins Grab und sie dürfen sich nicht treffen. Onkel Fred ruft immer vorher an, ob der Heinz schon weg ist. Aber letztes Jahr war Oli am Telefon und hat gesagt, ja, er ist weg, dabei war er bloß im Klo. Onkel Fred war aber gleich losgefahren, und wir konnten Onkel Heinz nicht so schnell loswerden. Da mußte Oma einen kleinen Herzanfall machen, damit Onkel Heinz sie nach Hause bringt und auch gleich weg ist. Das war beinahe schief gegangen, weil Onkel Heinz die Oma ins Krankenhaus schaffen wollte. Oma mußte schnell wieder ein bißchen gesünder werden und sagen, daß sie nur ihre Tabletten braucht und Ruhe, Ruhe, Ruhe! Dann hat es grade noch so hingehauen. Oma mußte aber eine teure Taxe nehmen zum Zurückkommen.

Jedenfalls hat dieses Jahr keiner vorher rumgestöhnt, und wir waren jetzt aufgeschmissen. Meike hat dann gesagt, das einzige ist, sie macht ein Gedicht und Oli sagt es auf. Sie hat gleich angefangen. Mit hinten gereimt und allem. Es ging so los, daß wir dastehen mit leeren Händen, aber vollen Herzen oder so. Aber Oli ist weggerannt und wollte es nicht lernen, und Meike hat ihn beinah verhauen, weil es doch unsere Rettung sein sollte.

Auf einmal ist Mama zu uns reingekommen und jetzt hat sie endlich angefangen, von dem Geburtstag zu reden und zu seufzen! Und sie hat uns angeguckt und hat einen ganz, ganz großen Geburtstagswunsch gehabt! Oli hat losgekreischt, daß er kein Gedicht aufsagen will, und Meike hat ihn heimlich getreten und gesagt, daß gar kein Gedicht da ist. Aber es kam sowieso ganz anders. Mama hat nämlich gesagt, es tut ihr so leid, aber sie will überhaupt keinen Geburtstag haben, sondern mit Papa drei Tage verreisen! Weil sie echt keine Lust hat auf Tanten und Onkel und Kartoffelsalat. Und sie wünscht sich bloß, daß wir uns drei Tage vertragen und keinen Mist machen! Und ob das geht und ob wir nicht zu traurig sind. Natürlich haben wir gesagt, daß wir ihr das gönnen mit der Reise und daß wir uns toll vertragen werden. Meike war noch ganz unverschämt und hat gesagt, daß wir die Geschenke dann ingottesnamen für Weihnachten aufheben müssen.

Mama war total glücklich und dankbar.

Für absolut nichts!!

Sonst ist es immer umgekehrt.

Brüder Grimm
Schneeweißchen und Rosenrot

Eine arme Witwe, die lebte einsam in einem Hüttchen, und vor dem Hüttchen war ein Garten, darin standen zwei Rosenbäumchen, davon trug das eine weiße, das andere rote Rosen; und sie hatte zwei Kinder, die glichen den beiden Rosenbäumchen, und das eine hieß Schneeweißchen, das andere Rosenrot. Sie waren aber so fromm und gut, so arbeitsam und unverdrossen, als je zwei Kinder auf der Welt gewesen sind: Schneeweißchen war nur stiller und sanfter als Rosenrot. Rosenrot sprang lieber in den Wiesen und Feldern umher, suchte Blumen und fing Sommervögel; Schneeweißchen aber saß daheim bei der Mutter, half ihr im Hauswesen oder las ihr vor, wenn nichts zu tun war. Die beiden Kinder hatten einander so lieb, daß sie sich immer an den Händen faßten, sooft sie zusammen ausgingen; und wenn Schneeweißchen sagte: »Wir wollen uns nicht verlassen«, so antwortete Rosenrot: »Solange wir leben, nicht«, und die Mutter setzte hinzu: »Was das eine hat, soll's mit dem andern teilen.« Oft liefen sie im Walde allein umher und sammelten rote Beeren, aber kein Tier tat ihnen etwas zuleid, sondern sie kamen vertraulich herbei: das Häschen fraß ein Kohlblatt aus ihren Händen, das Reh graste an ihrer Seite, der Hirsch sprang ganz lustig vorbei, und die Vögel blieben auf den Ästen sitzen und sangen, was sie nur wußten. Kein Unfall traf sie: wenn sie sich im Walde verspätet hatten und die Nacht sie überfiel, so legten sie sich nebeneinander auf das Moos und schliefen, bis der Morgen kam, und die Mutter wußte das und hatte ihrentwegen keine Sorge. Einmal, als sie im Walde übernachtet hatten und das Morgenrot sie aufweckte, da sahen sie ein schönes Kind in einem weißen, glänzenden Kleidchen neben ihrem Lager sitzen. Es stand auf und blickte sie ganz freundlich an, sprach aber nichts und ging in den Wald hinein. Und als sie sich umsahen, so hatten sie ganz nahe bei einem Abgrunde geschlafen und wären gewiß hineingefallen, wenn sie in der Dunkelheit noch ein paar Schritte weitergegangen wären. Die Mutter aber sagte ihnen, das müßte der Engel gewesen sein, der gute Kinder bewache.

Schneeweißchen und Rosenrot hielten das Hüttchen der Mutter so reinlich, daß es eine Freude war hineinzuschauen. Im Sommer besorgte Rosenrot das Haus und stellte der Mutter jeden Morgen, ehe sie aufwachte, einen Blumenstrauß vors Bett, darin war von jedem Bäumchen eine Rose. Im Winter zündete Schneeweißchen das Feuer an und hing den Kessel an den Feuerhaken, und der Kessel war von Messing, glänzte aber wie Gold, so rein war er gescheuert. Abends, wenn die Flocken fielen, sagte die Mutter: »Geh, Schneeweißchen, und schieb den Riegel vor«, und dann setzten sie sich an den Herd, und die Mutter nahm die Brille und las aus einem großen Buche vor, und die beiden Mädchen hörten zu, saßen und spannen; neben ihnen lag ein Lämmchen auf dem Boden, und hinter ihnen auf einer Stange saß ein weißes Täubchen und hatte seinen Kopf unter den Flügel gesteckt.

Eines Abends, als sie so vertraulich beisammensaßen, klopfte jemand an die Türe, als wollte er eingelassen sein. Die Mutter sprach: »Geschwind, Rosenrot, mach auf, es wird ein Wanderer sein, der Obdach sucht.« Rosenrot ging und schob den Riegel weg und dachte, es wäre ein armer Mann, aber der war es nicht, es war ein Bär, der seinen dicken schwarzen Kopf zur Türe hereinstreckte. Rosenrot schrie laut und sprang zurück: das Lämmchen blökte, das Täubchen flatterte auf, und Schneeweißchen versteckte sich hinter der Mutter Bett. Der Bär aber fing an zu sprechen und sagte: »Fürchtet euch nicht, ich tue euch nichts zuleid, ich bin halb erfroren und will mich nur ein wenig bei euch wärmen.« – »Du armer Bär«, sprach die Mutter, »leg dich ans Feuer und gib nur acht, daß dir dein Pelz nicht brennt.« Dann rief sie: »Schneeweißchen, Rosenrot, kommt hervor, der Bär tut euch nichts, er meint's ehrlich.« Da kamen sie beide heran, und nach und nach näherten sich auch das Lämmchen und Täubchen und hatten keine

Furcht vor ihm. Der Bär sprach: »Ihr Kinder, klopft mir den Schnee ein wenig aus dem Pelzwerk«, und sie holten den Besen und kehrten dem Bär das Fell rein; er aber streckte sich ans Feuer und brummte ganz vergnügt und behaglich. Nicht lange, so wurden sie ganz vertraut und trieben Mutwillen mit dem unbeholfenen Gast. Sie zausten ihm das Fell mit den Händen, setzten ihre Füßchen auf seinen Rücken und walgerten ihn hin und her, oder sie nahmen eine Haselrute und schlugen auf ihn los, und wenn er brummte, so lachten sie. Der Bär ließ sich's aber gerne gefallen, nur wenn sie's gar zu arg machten, rief er: »Laßt mich am Leben, ihr Kinder:

Schneeweißchen, Rosenrot,
schlägst dir den Freier tot.«

Als Schlafenszeit war und die andern zu Bett gingen, sagte die Mutter zu dem Bär: »Du kannst in Gottes Namen da am Herde liegenbleiben, so bist du vor der Kälte und dem bösen Wetter geschützt.« Sobald der Tag graute, ließen ihn die beiden Kinder hinaus, und er trabte über den Schnee in den Wald hinein. Von nun an kam der Bär jeden Abend zu der bestimmten Stunde, legte sich an den Herd und erlaubte den Kindern, Kurzweil mit ihm zu treiben, soviel sie wollten; und sie waren so gewöhnt an ihn, daß die Türe nicht eher zugemacht ward, als bis der schwarze Gesell angelangt war.

Als das Frühjahr herangekommen und draußen alles grün war, sagte der Bär eines Morgens zu Schneeweißchen: »Nun muß ich fort und darf den ganzen Sommer nicht wiederkommen.« – »Wo gehst du denn hin, lieber Bär?« fragte Schneeweißchen. »Ich muß in den Wald und meine Schätze vor den bösen Zwergen hüten: im Winter, wenn die Erde hartgefroren ist, müssen sie wohl unten bleiben und können sich nicht durcharbeiten, aber jetzt, wenn die Sonne die Erde aufgetaut und erwärmt hat, da brechen sie durch, steigen herauf, suchen und stehlen; was einmal in ihren Händen ist und in ihren Höhlen liegt, das kommt so leicht nicht wieder an des Tages Licht.« Schneeweißchen war ganz traurig über den Abschied, und als es ihm die Türe aufriegelte und der Bär sich hinausdrängte, blieb er an dem Türhaken hängen, und ein Stück seiner Haut riß auf, und da war es Schneeweißchen, als hätte es Gold durchschimmern gesehen; aber es war seiner Sache nicht gewiß. Der Bär lief eilig fort und war bald hinter den Bäumen verschwunden.

Nach einiger Zeit schickte die Mutter die Kinder in den Wald, Reisig zu sammeln. Da fanden sie draußen einen großen Baum, der lag gefällt auf dem Boden, und an dem Stamm sprang zwischen dem Gras etwas auf und ab, sie konnten aber nicht unterscheiden, was es war. Als sie näher kamen, sahen sie einen Zwerg mit einem alten, verwelkten Gesicht und einem ellenlangen, schneeweißen Bart. Das Ende des Bartes war in eine Spalte des Baums eingeklemmt, und der Kleine sprang hin und her wie ein Hündchen an einem Seil und wußte nicht, wie er sich helfen sollte. Er glotzte die Mädchen mit seinen roten feurigen Augen an und schrie: »Was steht ihr da! Könnt ihr nicht herbeigehen und mir Beistand leisten?« – »Was hast du angefangen, kleines Männchen?« fragte Rosenrot. »Dumme, neugierige Gans«, antwortete der Zwerg, »den Baum habe ich mir spalten wollen, um kleines Holz in der Küche zu haben; bei den dicken Klötzen verbrennt gleich das bißchen Speise, das unsereiner braucht, der nicht so viel hinunterschlingt als ihr grobes, gieriges Volk. Ich hatte den Keil schon glücklich hineingetrieben, und es wäre alles nach Wunsch gegangen, aber das verwünschte Holz war glatt und sprang unversehens heraus, und der Baum fuhr so geschwind zusammen, daß ich meinen schönen weißen Bart nicht mehr herausziehen konnte; nun steckt er drin, und ich kann nicht fort. Da lachen die albernen glatten Milchgesichter! Pfui, was seid ihr garstig!« Die Kinder gaben sich alle Mühe, aber sie konnten den Bart nicht herausziehen, er steckte zu fest. »Ich will laufen und Leute herbeiholen«, sagte Rosenrot. »Wahnsinnige Schafsköpfe«, schnarrte der

Zwerg, »wer wird gleich Leute herbeirufen, ihr seid mir schon um zwei zu viel; fällt euch nicht Besseres ein?« – »Sei nur nicht ungeduldig«, sagte Schneeweißchen, »ich will schon Rat schaffen«, holte sein Scherchen aus der Tasche und schnitt das Ende des Bartes ab. Sobald der Zwerg sich frei fühlte, griff er nach einem Sack, der zwischen den Wurzeln des Baums steckte und mit Gold gefüllt war, hob ihn heraus und brummte vor sich hin: »Ungehobeltes Volk, schneidet mir ein Stück von meinem stolzen Bart ab! Lohn's euch der Gukkuck!« Damit schwang er seinen Sack auf den Rücken und ging fort, ohne die Kinder nur noch einmal anzusehen.

Einige Zeit danach wollten Schneeweißchen und Rosenrot ein Gericht Fische angeln. Als sie nahe bei dem Bach waren, sahen sie, daß etwas wie eine große Heuschrecke nach dem Wasser zuhüpfte, als wollte es hineinspringen. Sie liefen heran und erkannten den Zwerg. »Wo willst du hin?« sagte Rosenrot, »du willst doch nicht ins Wasser?« – »Solch ein Narr bin ich nicht«, schrie der Zwerg, »seht ihr nicht, der verwünschte Fisch will mich hineinziehen?« Der Kleine hatte dagesessen und geangelt, und unglücklicherweise hatte der Wind seinen Bart mit der Angelschnur verflochten; als gleich darauf ein großer Fisch anbiß, fehlten dem schwachen Geschöpf die Kräfte, ihn herauszuziehen: der Fisch behielt die Oberhand und riß den Zwerg zu sich hin. Zwar hielt er sich an allen Halmen und Binsen, aber das half nicht viel, er mußte den Bewegungen des Fisches folgen und war in beständiger Gefahr, ins Wasser gezogen zu werden. Die Mädchen kamen zu rechter Zeit, hielten ihn fest und versuchten, den Bart von der Schnur loszumachen, aber vergebens, Bart und Schnur waren fest ineinander verwirrt. Es blieb nichts übrig, als das Scherchen hervorzuholen und den Bart abzuschneiden, wobei ein kleiner Teil desselben verlorenging. Als der Zwerg das sah, schrie er sie an: »Ist das Manier, ihr Lorche, einem das Gesicht zu schänden? Nicht genug, daß ihr mir den Bart unten abgestutzt habt, jetzt schneidet ihr mir den besten Teil davon ab: ich darf mich vor den Meinigen gar nicht sehen lassen. Daß ihr laufen müßtet und die Schuhsohlen verloren hättet!« Dann holte er einen Sack Perlen, der im Schilfe lag, und ohne ein Wort weiter zu sagen, schleppte er ihn fort und verschwand hinter einem Stein.

Es trug sich zu, daß bald hernach die Mutter die beiden Mädchen nach der Stadt schickte, Zwirn, Nadeln, Schnüre und Bänder einzukaufen. Der Weg führte sie über eine Heide, auf der hier und da mächtige Felsenstücke zerstreut lagen. Da sahen sie einen großen Vogel in der Luft schweben, der langsam über ihnen kreiste, sich immer tiefer herabsenkte und endlich nicht weit bei einem Felsen niederstieß. Gleich darauf hörten sie einen durchdringenden, jämmerlichen Schrei. Sie liefen herzu und sahen mit Schrecken, daß der Adler ihren alten Bekannten, den Zwerg, gepackt hatte und ihn forttragen wollte. Die mitleidigen Kinder hielten gleich das Männchen fest und zerrten sich so lange mit dem Adler herum, bis er seine Beute fahrenließ. Als der Zwerg sich von dem ersten Schrecken erholt hatte, schrie er mit seiner kreischenden Stimme: »Konntet ihr nicht säuberlicher mit mir umgehen? Gerissen habt ihr an meinem dünnen Röckchen, daß es überall zerfetzt und durchlöchert ist, unbeholfenes und täppisches Gesindel, das ihr seid!« Dann nahm er seinen Sack mit Edelsteinen und schlüpfte wieder unter den Felsen in seine Höhle. Die Mädchen waren an seinen Undank schon gewöhnt, setzten ihren Weg fort und verrichteten ihr Geschäft in der Stadt. Als sie beim Heimweg wieder auf die Heide kamen, überraschten sie den Zwerg, der auf einem reinlichen Plätzchen seinen Sack mit Edelsteinen ausgeschüttet und nicht gedacht hatte, daß so spät noch jemand daherkommen würde. Die Abendsonne schien über die glänzenden Steine, sie schimmerten und leuchteten so prächtig in allen Farben, daß die Kinder stehenblieben und sie betrachteten. »Was steht ihr da und habt Maulaffen feil!« schrie der Zwerg, und sein aschgraues Gesicht ward zinnoberrot vor Zorn. Er wollte mit seinen Scheltworten fortfahren, als sich ein lautes Brummen hören ließ und ein schwarzer Bär aus dem Walde herbeitrabte. Erschrocken sprang der Zwerg auf, aber er konnte nicht mehr zu seinem Schlupfwinkel gelangen, der Bär war schon in seiner Nähe. Da rief er in Herzensangst: »Lieber Herr Bär, verschont mich, ich will Euch alle meine Schätze geben, sehet, die schönen Edelsteine, die da liegen. Schenkt mir das Leben, was habt Ihr an mir kleinem, schmächtigem Kerl? Ihr spürt mich nicht zwischen den Zähnen; da, die beiden gottlosen Mädchen packt, das sind für Euch zarte Bissen, fett wie junge Wachteln, die freßt in Gottes Namen.« Der Bär kümmerte sich um seine Worte nicht, gab dem boshaften Geschöpf einen einzigen Schlag mit der Tatze, und es regte sich nicht mehr.

Die Mädchen waren fortgesprungen, aber der Bär rief ihnen nach: »Schneeweißchen und Rosenrot, fürchtet euch nicht, wartet, ich will mit euch gehen.« Da erkannten sie seine Stimme und blieben stehen, und als der Bär bei ihnen war, fiel plötzlich die Bärenhaut ab, und er stand da als ein schöner Mann und war ganz in Gold gekleidet. »Ich bin eines Königs Sohn«, sprach er, »und war von dem gottlosen Zwerg, der mir meine Schätze gestohlen hatte, verwünscht, als ein wilder Bär in dem Walde zu laufen, bis ich durch seinen Tod erlöst würde. Jetzt hat er seine wohlverdiente Strafe empfangen.«

Schneeweißchen ward mit ihm vermählt und Rosenrot mit seinem Bruder, und sie teilten die großen Schätze miteinander, die der Zwerg in seiner Höhle zusammengetragen hatte. Die alte Mutter lebte noch lange Jahre ruhig und glücklich bei ihren Kindern. Die zwei Rosenbäumchen aber nahm sie mit, und sie standen vor ihrem Fenster und trugen jedes Jahr die schönsten Rosen, weiß und rot.

Fanny Atheras
Familienzusammenführung

Kinder, die zu ihrer Mutter wollen
aber nicht können
weil »ach du lieber Schreck!«
sie über sechs schon sind
wozu brauchen diese wohl Gefühle
wie Geborgenheit oder der Mutter Liebe
wenn diese in den Paragraphen nicht vorhanden sind?
Ja, diese potentiellen Arbeitslosen
sollen gefälligst bleiben wo sie sind.

Jakob Wassermann
Schläftst du, Mutter?

1

Peter Vogelsang
Geht auf den Grillenfang,
Hat eine lange Nase
Und Ohren wie ein Hase …

Ich lasse sie schreien, die Knirpse, dachte Peter und schritt würdevoll seine Straße fürbaß. Das Spottgedicht stammte vom Herrn Lehrer selbst, aber Peter war fest überzeugt davon, daß ihn diese »Kinderei« gleichgültig lasse. Wenn er in den Zwischenpausen träumerisch, fast tiefsinnig im Schulhof stand, hinten am Zaun, wo man auf den Fluß hinabsehen konnte, der so ruhig und so klar vorbeiströmte, oder wenn er abseits von dem Knäuel der Aufgeregten mit nachdenklich verschränkten Armen dastand, mußte ihn oft die spöttische Mahnung des Lehrers aus seinem Sinnen wecken. Aber Peter lächelte nur, und dieses Lächeln war nicht ohne eine gewisse Geringschätzung; denn er war bei seinen neun Jahren schon ein beachtenswerter Philosoph, der über den lieben Gott bereits sein ganz bestimmtes Urteil hatte.

Es war ein Mittwochnachmittag, und er ging spazieren. Er trug einen dünnen Spazierstock aus Weichselrohr – die Mutter hatte ihn gestern erst gekauft –, und damit hieb er fortwährend auf die Einfassung des Trottoirs los, gerade als könne er sich damit von einer Summe innerer Zweifel befreien. Am Lilienplatz ertönten die Schmiedehämmer, und das war ein heller, fast klagender Laut. Peter blieb stehen, denn diese Töne fesselten ihn sehr. Klang es nicht, wie wenn die alten und berühmten Recken mit ihren Schwertern aufeinander loshieben? Wahrlich, wenn man die Augen schloß, so konnte man glauben, Laurin kämpfe in vollem Gewaffen mit Dietrich von Bern. Dann sah er noch zu, wie einem Pferd die Hufeisen erneuert wurden, und so beklommen war sein Herz bei diesem Schauspiel, daß ihn selbst der arge Gestank des angesengten Hufs nicht vertreiben konnte. Er staunte nur, daß ein Pferd so schön stille halten konnte, während man ihm Nägel in die Füße schlug. Er ging weiter, aber das Staunen über diesen sonderbaren Umstand wollte ihn gar nicht mehr verlassen. Er dachte: Man sollte das einmal bei mir probieren! Man sollte mir einmal Nägel in die Füße schlagen! Erstens würde ich schreien, und dann ... dann würde schon Papa kommen ...

Als er sich der Fischergasse mit ihrem schlechten Pflaster und ihren kleinen, baufälligen Häusern näherte, dachte er: Dies Fürth ist doch eine häßliche

Stadt. Warum hat mich der liebe Gott nicht in einer Stadt mit schöneren Häusern geboren werden lassen? Schon der Name ist häßlich. Es gibt doch so schöne Städte: Babylon oder Bagdad oder Palmyra ...

Seine kindische Sehnsucht machte seine Schritte größer und hurtiger. Bald lagen die Wiesen vor ihm.

2

Lange Zeit verfolgte er die Landstraße, die kahl und schattenlos dalag, während der weiße Staub sie gleich einer Mehlschicht bedeckte. Am wolkenlosen Himmel stand die Sonne, und alles Land lag da: leblos, gleichsam schlaftrunken. Bienen und Hummeln summten vorbei, und der Kohlweißling und das Pfauenauge flatterten umher. Hinter den Hügeln drüben erhob sich ein Dorfkirchturm einsam in die Luft, lang und schmal wie eine Lanze. Ein leichter Schleier verhüllte die Fernen, und je weiter sich der Knabe von der Stadt entfernte, desto stiller, desto feiertäglicher wurde es in der Runde um ihn. Er hätte immer zuwandern mögen in diese große Ebene hinaus, die so trügerisch den Schein eines Unermeßlichen erweckte. Nichts fesselte das Auge hier, und stets sah man die schwere, gleichförmige Linie des Horizonts; aber dies Flachland birgt Schönheiten, die denen der Nacht verwandt sind.

Peter Vogelsangs Ziel war der Wald. Und während er weitertrippelte, überließ er sich völlig seinen Träumereien. Wie herrlich wäre es, wenn er jetzt als Anführer einer Armee die Straße zöge! Natürlich mußte er dazu schon groß sein und stark – stärker als Haushammers Fritz, ja sogar stärker als der Vater selbst. Er blieb stehen ... nein, am Ende war es doch viel hübscher, Kapitän zu werden, Seeräuber zu werden. Er legte den Finger an die Nase und sann emsig darüber nach, was wohl ersprießlicher sein möchte: Feldmarschall zu werden oder Seeräuber? Wenn er aber bedachte, daß man es vom Feldmarschall gar leicht zum Kaiser bringen kann? Es war schwer, darüber ins klare zu kommen. Er wollte die Bäume an der linken Seite der Straße zählen, bis hinauf zur Hügelspitze, und wenn eine gerade Zahl herauskam, wollte er Kaiser werden, und wenn eine ungerade herauskam, wollte er Seeräuber werden. Wenn das Tante Lina wüßte, würde sie natürlich wieder lachen, aber wovon verstand sie denn eigentlich etwas? Überhaupt, die Mädchen verstehen ja gar nichts, sagte er finster vor sich hin. Er haßte die Mädchen, und obwohl Tante Lina schon verheiratet war, rechnete sie Peter doch zu den Mädchen. Sie redete immer bloß von ihrem Alfredchen und von ihren neuen Tüllgardinen oder so, und vom lieben Gott zum Beispiel verstand sie gar nichts. Auch hatte sie nicht einmal gewußt, daß die Sonne größer ist als die Erde. Das empörendste war aber, daß sie immer vom Storch sprach, der die kleinen Kinder bringe. Als ob er das geglaubt hätte, solche Kindermärchen!

Und er versank in tiefes Grübeln. Eigentlich war er doch noch nicht fertig mit diesem Storch. Wer sollte einen denn sonst bringen, wenn es nicht der Storch war? Aber andrerseits, welches Interesse konnte der Storch daran haben, daß die Menschen Kinder bekämen? Ja – und dies war der Hauptpunkt: im Herbst ziehen doch die Störche fort, können also keine Kinder bringen; er wußte aber ganz genau, daß die Kinder auch dann auf die Welt kommen, wenn gar keine Störche mehr da sind. Und was ist dies für ein geheimnisvoller Ort, wo die vielen winzigen Kinderchen liegen? Ein großer See, von dunklen Wildnissen umspannt; rosenfarbene Vögel schwimmen darauf umher, und am Rand steht himmelhohes Schilf. Und es gibt keinen Tag und es gibt keine Nacht dort, sondern immer nur ein seltsames Dämmern, und eine Prinzessin liegt im Wald und ist verzaubert und schläft, bis der Königssohn kommt.

Er betrat den Wald. Schlanke Föhren standen da, so weit man sehen konnte. Ringsherum war es halbhell; aber wenn man zwischen den Stämmen durchschaute, wurde es dunkler und immer dunkler, bis sich der Blick in Nacht verlor. Der Boden war schwellend weich und glatt, denn er war von

Nadeln ganz besät. Ein Specht hackte unaufhörlich, und weit in der Ferne rief der Kuckuck. Drüben am Grabenrand standen große, schneeweiße Blüten auf starken Stengeln, und sie schwankten hin und her, wenn ein Luftzug sie traf.

Hier und dort waren die Stümpfe frisch abgesägter Bäume, und das glatte Holz leuchtete mit seinem dunklen Gelb weithin durch den Wald. Bald schlossen sich die Stämme dichter zusammen, und jegliches Geräusch verstummte. Es schien auch, als ob die Bäume höher würden, und die Dämmerung breitete sich aus gleich einem Schleier. Müde schlich Peter vorwärts. Spinnfäden, die sich von Stamm zu Stamm spannten, legten sich um seine Wangen, und das Unterholz breitete sich aus wie eine kleine Wildnis und erschwerte das Gehen. Erschöpft legte sich der Knabe unter einigen Tannen zur Rast nieder. Wie schlank und stolz erhoben sich die starken Bäume! Wie weich war dieses Lager trockener Nadeln, wie süß und still war die Luft und wie voll von Frühlingsträumen war sie! Wie schwer wurden die Gedanken und wie heimlich zugleich! Wie fern war die Welt, wie fern der Lehrer mit seinen Schulaufgaben und die dummen Buben alle mit ihren Neckereien! Wie müd konnte man sein und wie froh zugleich!

Peter wollte sich bald wieder erheben, aber auf seinen Gliedern lastete es wie Blei. Er sagte sich: Ich muß ja nach Hause; ich werde sonst zu spät zum Abendessen kommen. Doch er hatte nicht einmal die Kraft, den Kopf zu heben. Es war schön, mit ausgestreckten Gliedern daliegen zu können wie ein Kaiser und ins dunkelgrüne Nadelwerk zu blicken. Immer zu phantasieren, so, als ob es keine Menschen gäbe. Wenn er Kaiser wäre, wie schön würde es auf der Welt sein! Nur dreimal in der Woche würde Schule abgehalten, und dann würde er Stolbergs Wilhelm, der ihn immer während der Rechenstunde am Nacken kitzelte, von seinen Leibwächtern durchprügeln lassen. Aber mitten in die herrlichen Gedanken trat wieder die Sorge um die Heimkehr. Er fühlte es wie einen Druck auf dem Herzen, ja, es wurde ihm sehr angst, aber dennoch fesselte es ihn wie mit Ketten an diese weiche, kühle Walderde. Die Mutter glaubte ihn bei Haushammers Fritz oder bei Tante Lina, und er lag da, fern von der Stadt, und ihm war so gut! Er hatte nun die Empfindung, als sei er aufgesprungen und wandere heimwärts, aber in Wirklichkeit waren ihm die Lider zugefallen, und er schlief.

Er träumte, daß er ein Pferd sei und man ihm Hufeisen an die Füße nagelte. Aber siehe, er empfand gar keinen Schmerz, und er war sogar stolz auf diesen neuen, glänzenden Schmuck.

Dann träumte er, er sei gestorben. Er wurde in einen Sarg gelegt und wurde begraben. Aber als er drunten lag im Grab, da fand er, daß er noch nicht ganz gestorben sei, und er wachte wieder auf. Er krabbelte aus dem Loch heraus und, angetan mit einem großen weißen Totenlaken, machte er sich auf den Heimweg. Die Stadt lag noch im Morgengrauen und war ganz, ganz öde. Da begegnete ihm am Bahnhof Haushammers Fritz.

»Ich hab' gedacht, du bist tot«, sagte der.

»Ich war schon tot«, erwiderte Peter, »aber jetzt bin ich wieder aufgewacht.«

»Jetzt gehst gewiß heim?«

Peter nickte.

»Was wird denn da dein Vater sagen, wennst jetzt schon wiederkommst? Der wird schimpfen!«

Am Brunnendenkmal blieb Peter stehen und dachte nach. Und er bekam solche Furcht davor, was der Vater sagen würde, daß er schnell wieder umkehrte und sich ins Grab legte.

3

Als er erwachte, war es Nacht. Große Angst erfaßte ihn, und die kühle Luft drang ihm bis auf die Haut. Das Weinen war ihm nah, als er sich so allein sah, mitten im Wald, Gott weiß zu welcher Stunde der Nacht. Wenn jetzt Räuber kämen oder Mörder oder Kobolde oder Riesen ... Hastig ging er vorwärts, am ganzen Körper zitternd.

Schneller, als er gedacht, lichtete sich der Wald. Und dann ging er die Landstraße hinab, und weithin dehnten sich Äcker und Wiesen, und das grüne

Mondlicht lag auf allem Land. Schierlingskraut und Löwenzahn standen am Weg, und der Tau breitete sich aus, daß es schien, als ob der Boden dampfe.

Peter schritt rasch und mit angstvollem Herzen weiter. Kein Mensch begegnete ihm; kein Haus, keine Wirtschaft war in der Nähe. So still war es und so voll Frieden wie in einer Kirche. Wenn er innehielt, um Atem zu schöpfen, konnte er weit in der Ferne den Schrei des Käuzchens vernehmen, und er fürchtete sich davor. Einmal biß er sich auf die Unterlippe, um nicht laut aufzuweinen. Was wird die Mutter sagen, murmelte er beständig vor sich hin. Da entsann er sich dunkel, daß ein schwerer Traum seinen Schlaf beunruhigt hatte. Aber er wußte nicht mehr, was er geträumt hatte. Er zermarterte sich förmlich, dachte tief und andächtig nach, aber es war, als necke ihn der Traum noch jetzt – je mehr er sich quälte, je ferner fühlte er sich seiner Spur. Doch hatte er die Empfindung, als sei dadurch eine Lücke in seinem Innern entstanden; die Vorstellung des bösen Traums beunruhigte sein Gemüt, und die Furcht vor dem Unbekannten ließ das nur Geträumte zu einer lebendigen Gefahr anwachsen.

Schon betrat er die Straßen der Stadt, da hörte er elf Uhr vom Rathausturm schlagen. Er seufzte erleichtert auf, denn er hatte geglaubt, es sei schon drei Uhr oder gar vier Uhr. Allerdings, wie einsam war es auch auf all den Gassen! Kaum daß man in den Stockwerken der Häuser noch hie und da ein Licht gewahrte. Keine Laterne brannte. Zauberhaft nahm es sich aus, wenn so die Straße in Licht und Finsternis geteilt schien, auf der einen Seite der Mondschein, der die nüchternen Bauten verschönte und alles Häßliche an ihnen versteckte. Die scharfgeschnittenen Schatten, die es überall gab, und dann der tiefgrüne Nachthimmel mit ein paar schüchternen Sternen, die nur wie hingehaucht erschienen … Über all dem schwebte dieser leise, leichte, duftige Frühlingsnebel, unbeweglich und traumhaft.

Bald stand Peter am Wohnhaus in der Theaterstraße. Das Tor war versperrt, und er mußte läuten. Niemand kam. Sein Herz klopfte zum Zerspringen, als er zum zweitenmal den verrosteten Glockenknopf zog. Ein schriller, zirpender Laut drang bis auf die Straße heraus.

Endlich wurde oben ein Fenster aufgerissen, und der Kopf der alten Magd wurde sichtbar. Ihre große, weiße Haube ragte weit vornüber. Sie grunzte, rief etwas ins Zimmer zurück, schlug das Fenster wieder zu, und gleich darauf polterte sie die Stiege herab und empfing den Knaben mit jener Flut wohlgemeinter Schmähungen, die oft größere Freudenbezeugungen sind als Küsse. Der Vater sei fort, um ihn zu suchen, und die Mutter weine sich die Augen aus dem Kopf.

Als er furchtsam die Tür des Wohnzimmers öffnete, sah er die Mutter am Tisch sitzen. Aber sie weinte nicht. Sie blickte den Knaben traurig an, doch so, als ob sie ganz vergessen hätte, daß sie seinetwegen Sorgen gehabt, und als ob ganz andere Bekümmernisse sie jetzt erfüllten – wie eine Frau, welche die Zukunft ihrer Kinder in dunklen Farben sieht. Sie sagte kein Wort zu Peter.

Der Knabe stand an der andern Seite des Tisches und wagte nicht, die Augen aufzuschlagen. Er heftete seine Blicke auf die Zeitung, und immerfort las er die Kapitelüberschrift des Romans. Immerfort las er das: »Achtzehntes Kapitel. Alma wird gerächt.« Dabei aber schlug das Ticktack der großen Wanduhr unaufhörlich an sein Ohr, und sogar das schnelle Ticken der kleinen Taschenuhr vernahm er, die der Mutter gehörte und die an der Wand über der Kommode hing. Bald darauf begann Barbara, in der Küche geräuschvoll mit den Tellern zu hantieren, und diesen Lärm empfand er im Innern wie einen Trost.

Als sein Blick nach einiger Zeit die Mutter traf, hatte sie sich blaß und abgespannt in den Stuhl zurückgelehnt. Und seltsam, in diesem Moment kam es wie eine Erleuchtung über ihn, und der Traum im Wald stand lebhaft und in aufdringlichen Farben vor seiner Seele. Aber noch immer redete er nicht. Das war ihm unmöglich, hinzugehn zur Mutter, ihre Hand zu nehmen und zu sagen: Verzeih mir.

»Wo warst du?« fragte endlich die Mutter mit einem Stirnrunzeln, das so klang, als wäre sie von einer Last schwerer Träume erlöst worden. Dann erst wiederholte sie, gleichsam sich selbst findend, in strengerem Ton und mit drohendem Stirnrunzeln: »Wo warst du?«

Peters Finger spielten mit den Fransen des Tischtuchs, und seine Blicke suchten am Boden umher. Und so oft auch die Mutter fragen mochte, der Knabe schwieg beharrlich. Nicht aus Trotz, nicht aus Verstocktheit, nicht aus Furcht, sondern nur deshalb, weil er nicht reden konnte. Er vermochte nicht ein einziges Wort zu finden. Er kam sich in diesem Augenblick so schuldbeladen vor und zugleich so arm und weltverloren, daß er sich völlig in diese Vorstellungen voll Schmerz und Trauer vertiefte.

Da hörte man Schritte auf der Treppe, und die Mutter nahm ihn rasch bei der Hand. »Der Vater kommt«, sagte sie, »er wird dich schlagen. Schnell, geh hinein und schlüpf ins Bett. Ich will ihm sagen, daß du schläfst. Und jetzt mußt du brav sein, und wenn du brav bist, sag' ich es Lizzi. Lizzi kommt nämlich morgen. Freust du dich? Du hast sie doch schon lange nicht mehr gesehn? Das ist jetzt ein großes, schönes Mädchen geworden, und du mußt recht nett mit ihr sein.«

Dann stand er in dem finstern Zimmer, wo sich sein Bett befand. Aber er entkleidete sich nicht, sondern setzte sich auf den Bettrand und versank in tiefes Sinnen. Was die Mutter eben getan, erschütterte ihn bis ins Innerste. Sie wollte also nicht, daß der Vater ihn schlug? Ja, und warum war sie so traurig gewesen? Sonst, wenn er sich verspätet oder wenn er irgendein Unheil angerichtet, hatte sie ihn ermahnt oder hatte gescholten, und heute war sie so still und nachsichtig gewesen ... Hätte sie ihn doch lieber gescholten! Hätte sie ihn doch an den Ohren gepackt! ... Aber sie schien so traurig zu sein, und er fragte sich: Warum ist die Mutter nicht glücklich? Sie hat doch immer so viel Geld, und sie kocht doch immer so gute Sachen, und so schöne Kleider hat sie und Schmucksachen, und den Vater hat sie auch? Und Lizzi sollte kommen? Die freche kleine Cousine Lizzi? Er wollte ihr schon zeigen, daß er jetzt ein Mann geworden sei, und wenn sie frech war, so würde er sie einfach mit Verachtung strafen ... Aber im tiefsten Grund seines Herzens wurde es gleichsam ein bißchen warm und gemütlich, wenn er an Lizzi dachte.

Die regelmäßigen Atemzüge der beiden kleineren Geschwister drangen an sein Ohr, und vom Wohnzimmer her kam jetzt die sonore Stimme des Vaters in beständigem Gemurmel herüber. Das Mondlicht fiel durchs Fenster und zeichnete vier

Parallelogramme auf den Boden, über denen der Schatten des Gardinenmusters wie ein Nebel gebreitet war.

Da hörte er des Vaters Stimme, hart und hastig: »Es muß sein, Agnes. Das Geld muß ich haben. Ich bedaure, daß ich so viel Liebe an dich verschwendet habe, wenn du mir nicht einmal dies kleine Opfer bringen kannst.«

Darauf erwiderte die Mutter eindringlich und entschieden: »Niemals, Rudolf! Das Geld ist für unsere Kinder deponiert worden, und kein Pfennig soll davon genommen werden. Du hast es damals selbst gewollt. Ich erinnere mich noch genau, wie du kamst. Oder soll das auch nur eine von deinen großen Redensarten gewesen sein?«

»Ich mache keine Redensarten. Du machst Redensarten. Und wenn du eine vernünftige Frau wärst, würdest du wissen, was du jetzt zu tun hast. Du siehst doch, daß ich zugrunde gehe ...«

»Du bist ein Egoist«, erwiderte die Mutter so leise und so traurig, daß von diesem Tage an das Wort Egoist in Peters Vorstellungen als etwas Ungeheures und Furchteinflößendes sich entpuppte. »Du hast nie für andere Leute ein Gefühl gehabt. Nur für dich. Man braucht dich ja nur reden zu hören. Selbst wenn du von andern sprichst, sprichst du nur von dir selbst; heut abend, wie Peter nicht kam, hast du nur immer über die Sorge gejammert, die dir der Bub macht, aber ...«

»Schweig, schweig, du bist lächerlich«, flüsterte der Vater heftig und sehr erregt.

»Schweigen? Ich hab elf Jahre lang geschwiegen. Ich gebe mein Herzblut für euch hin, sagst du immer. Aber ich, ich für meinen Teil finde gar nichts Besonderes in dem, was du tust. Erstens sitzest du jeden Abend im Wirtshaus und spielst und bist vergnügt, und ich bin dir gleichgültig. Es ist dir gleichgültig, was ich treibe. Wir waren eine gute Partie, nun ja, das ist eigentlich alles. Du hast nie gewußt, was eine Frau ist und was sie sonst noch für Sehnsucht haben könnte außer ihrem Wochengeld und ... Ich darf zugrunde gehen in Langeweile und Einsamkeit, du hast ja deine Gesellschaft beim Kartenspiel, und die ist dir lieber als Frau und Kinder ... nein, nein, denke nur nicht, daß ich was von dir begehre. Ich habe nie was gewollt, aber was du jetzt von mir willst – oh, ich durchschaue dich. Dich kenn ich!«

Noch viele Worte hörte Peter, aber es waren nur Worte für ihn. Langsam kleidete er sich aus und kroch ins Bett. Seine Bewegungen waren alle schwer, fast getragen vom Nachdenken. Ja, er kam sich so feierlich vor, so viel würdevoller als sonst und viel männlicher. Und er glaubte alles zu verstehen, was er gehört hatte. Zum erstenmal schaute er in das Leben, das vor ihm lag, hinein wie in ein dunkles Loch. Ein leichter Schreck ergriff seine Seele, und er fühlte etwas wie Schwäche gegenüber den künftigen Tagen. Diese Welt erschien ihm vollgepfropft mit unheimlichen Schicksalen und häßlichen Leiden. Sein Geist flüchtete ängstlich in die alten Zeiten der Sagen und der Heldentaten, und das Übernatürliche und Traumhafte war ihm das allein Begreifliche und Berechtigte. Und er schloß die Augen, und Bild auf Bild, blaß und blasser, schwebte ihm vorbei, und Märchen und Wunder erfüllten sein Herz, und seine Träume waren leicht und golden.

4

Ganz ohne Übergang, ganz plötzlich und stürmisch waren Ende April diese warmen Tage gekommen. In allen Gassen roch es nach Frühling, und die jungen Blüten wiegten sich bedächtig hin und her und wußten ihr junges Leben noch nicht so recht zu genießen. Der Frühling hat uns überfallen, sagte Frau Agnes Vogelsang, und sie lächelte dabei so, als ob von einem guten Freunde gesprochen würde.

Peter, der seit drei Tagen Ferien hatte, fühlte sich froh im Bewußtsein der freien Herrschaft über all die Stunden des Tages. Des Morgens saß er still im Zimmer und las. Er vertiefte sich in die Historien des alten babylonischen Reiches. Ja, diese asiatischen Völker in all ihrem satten Prunk, mit dem Geheimnisvollen und Düstern, das sie umgibt, lockten ihn sehr. Wenn er die seltsame Geschichte des Sardanapal las, so ergriff ihn jedesmal eine fast dichterische Glut, und er sah die Feuer an den Wänden des Palastes lodern, und er hörte die schmerzlichen Schreie der Frauen, und er sah den König selbst, wie er inmitten seiner Getreuen stand und die Lanze gepackt hielt wie ein echter Held und wie er bleich wurde und wie dann die Flammen kamen und wie der Rauch kam und wie er lächelte und immer lächelte, wenn die andern sich vor Schmerz wanden. So sah er den Sardanapal. Und er erzählte das alles Haushammers Fritz, und sie unternahmen Heldentaten von ähnlicher Bedeutung, zogen mit Holzschwertern in den Wald hinaus und suchten einsame Burgen und stille Höhlen und wilde Tiere und die Fußstapfen böswilliger Feinde. Und er träumte des Nachts von seltsamen Ländern, wo Blumen waren, so groß wie bei uns die Bäume, und wo ein ewiger Sonnenbrand herrscht oder eine ewige Dämmerung oder der süße Frieden des Waldes und wo die Menschen gute Augen haben und wo fromme und starke Könige die schönsten Knaben als Pagen in ihren Palast rufen lassen. So ging sein Tag in Träumen hin, und sein Auge suchte in dieser Welt der Zahlen nach Wundern. Und er las auch die Bibel (heimlich las er sie), und ein kühler Schreck erfaßte sein empfindliches Herz vor jenen blutigen Greueln und vor jenen übermenschlichen Gestalten der grauen Vorzeit. Und erst des Abends, wenn er oft mit Barbara am Herdfeuer der Küche saß, wenn die Sphinxe und die Nixen und die Nymphen sich erhoben aus düsteren Verstecken, wenn der Wald in seiner süßen und ziehenden Dunkelheit wie ein lebendiger Mensch erschien, wenn die flackernden Flammen des Herdfeuers als kleine, boshafte Kobolde ein spukhaftes Wesen trieben, wenn Drachen und Lindwürmer mit feurigen Glotzaugen vor dem Sims saßen und durch die Scheiben starrten, wenn jeder Kochtopf sich als ein Zauberwerkzeug und jeder Schemel sich als feige schleichendes Tier entpuppte, dann war das Leben eitel Abenteuer und Furchtbarkeit für Peter, und es lockte und rief ihn hinaus auf Heide und Moor und Wald und Tal mit tausend wohlverständlichen Stimmen.

Frau Agnes liebte das alles nicht. Sie liebte die Träumereien nicht, und sie liebte die Märchenbücher nicht für den Knaben. In dem melancholischen Ausdruck seiner Augen lagen ohnehin schmerzliche Garantien die Fülle für sie. Sie wußte, daß er nur mit älteren Knaben verkehrte und daß er gegen jüngere einen gewissen Hochmut zur Schau trug oder eine fast väterliche Nachsicht. Es war ihr ja kein Rätsel, wie dies Düstre, gleichsam Schwerflüssige in das Kind gekommen war. Ihr selbst hatte das Leben nie viel Munterkeit und Glück gegeben, und trüb und finster und plump war diese Stadt. Streng und ernst und geradlinig war das Land. Wenn man draußen stand auf dem Feld, und man sah die bleiernen Wolken des Himmels über sich, so mußte man träumen. Man verlor die Energie des Gedankens und mußte träumen. Das Haus da war nicht alt, sonst hätte gewiß nicht jene heimliche Poesie der alten fränkischen Häuser gefehlt; nein, es war so neu und kahl wie die Fabrikschlote, die gegen den Anger hinaus lagen. Und viel Werktätigkeit und Hastigkeit war in allen Straßen der Nähe, und spielende, schlecht gekleidete Kinder schrien und lärmten in allen Höfen.

Doch den Zimmern der Etage hatte Frau Agnes die Züge ihres Wesens aufgedrückt, und jene unauffällige, wohltuende Harmonie lag darüber, von der Tante Regina meinte, daß man dabei an seine Kindheit denken müsse. Wie fremd und geheiligt erschien Peter stets der halbdunkle Salon mit seinen grünlichen Lichtern, mit dem scheuen Glanz seiner hohen Spiegel! Und wenn seine Mutter mit ihrem ein wenig schleppenden Gang durch die Flucht der Räume schritt und nachdenklich hier eine Decke glättete und dort den Staub von einer Platte wischte, so fühlte selbst der Knabe, wie vieler Enttäuschungen es bedurft hatte, um all ihre Wünsche auf dies winzige Königreich zu beschränken, und ein schmerzlich unbewußtes Begreifenwollen regte sich in ihm.

Heut soll Lizzi kommen, dachte Peter, der am Ofen saß, den Kopf in die Hand und den Ellbogen auf das Knie gestützt. Und er dachte darüber nach, welch ein ernstes und gemessenes Gesicht er machen wollte, wenn er ihr die Hand gab; er wollte sich verbeugen und wollte sagen: Ach, das ist schön, daß du gekommen bist. Nach dem Ach wollte er eine kleine Pause machen.

Von der Küche drangen Bratengerüche herein, und überdies roch es nach Kastaniengemüse. Peter lächelte begehrlich, und dann runzelte er die Stirn, in Sorge, daß die Mutter zu wenig davon kochen würde wie neulich. Diese Sorge beunruhigte ihn so sehr, daß er beschloß, in die Küche zu gehen.

Aber als er den Fuß über die Schwelle der Küchentür setzte, blieb er erschrocken stehen. Frau Agnes saß auf dem Kehrichtfaß, in der einen Hand den langen, hölzernen Kochlöffel, mit dem sie das Mus gerührt hatte, in der andern einen Brief. Sie sah über den Knaben hinweg, geradeaus ins Leere. Ihr Gesicht war fahl, und ihre Lippen waren blau. Peter wagte nicht, sich zu rühren, während er lange Zeit mit zuckenden Mundwinkeln dastand und zuschaute, wie langsam stille Tränen über die Wangen seiner Mutter rannen und wie ihr Oberkörper sich vorbeugte und auf das Anricht zu fallen schien. Und dann erhob sie sich rasch, und sie schämte sich, vor dem Kind so schwach gewesen zu sein; daher drückte sie das Taschentuch fest gegen die Augen, als sie hinausging.

Peter sann und sann. Doch inmitten der Erregung sah er das Kastaniengemüse schmoren und brodeln, und damit das leckere Gericht nicht zugrunde gehe, nahm er zaghaft den großen Löffel und rührte und rührte, während seine schwärmerischen Blicke gleichsam die Finsternis des Lebens zu durchdringen suchten und ein großes Mitleiden ihn erfaßte gegen ein Unbestimmtes, gegen ein leidendes und trauriges Geschöpf. Doch in seine männlichen Entschlüsse und altklugen Betrachtungen fuhr die fette Stimme der alten Barbara, die ihm den Löffel aus der Hand riß und mit entrüsteten Naturlauten den unbequemen Koch vor die Türe setzte.

Aber dann lief sie ihm plötzlich nach, nahm ihn auf den Arm und setzte sich auf die Stufen im Flur. Auch sie hatte verweinte Augen, doch sah sie nichtsdestoweniger sehr grimmig aus. Und sie sagte zu Peter, daß sein Vater fort sei und daß sein Vater ein Taugenichts sei und daß sie ihm, Peter, die Rippen entzweischlagen werde, wenn er nicht dazutue, ein ordentlicher und braver Mensch zu werden, der seiner Mutter eitel Freude bereitet. Und sie schien Lust zu haben, die angedrohte Strafe sogleich zu vollziehen.

Peter begriff nichts von alledem. Was sollte das heißen: der Vater ist fort? Wenn man einmal verheiratet ist, gehört man auch zusammen, und dann hat man sich auch lieb. Was konnte der Vater ohne die Mutter anfangen? Wer würde ihm sein Essen kochen? Wer würde ihm die Strümpfe stricken? Peter schüttelte den Kopf und lächelte still und froh in sich hinein. Dann ging er mit übergroßen Schritten im Wohnzimmer auf und ab und dachte an Lizzi, die von all dem keine Ahnung hatte, und er freute sich darauf, sie unterrichten zu können, wie bitter und ernst das Leben ist und daß die kleinen Kinder ganz woanders herkommen als vom Storch und daß es für ihn eine beschlossene Sache sei, Feldmarschall zu werden.

Und sein Blick glitt etwas trotzig zur Mutter hinüber, die am Fenster stand und die Stirn an den eisernen Querriegel gedrückt hatte. Ihre Frisur hatte sich gelöst, und das reiche, dunkelblonde Haar fiel wie eine Flut, wie ein Wasserfall bis hernieder auf die Erde, und oben in den zitternden Löckchen spielten die Sonnenstrahlen. Und als der Knabe den bitteren und gequälten Ausdruck ihres Gesichts sah, wachte auf einmal eine heiße Begierde in ihm auf, recht schnell groß zu werden, und er fühlte es wie eine Schmach, und es demütigte ihn förmlich, daß er noch so klein war und erst neun Jahre alt.

Gleich nach Tisch schlich er davon. Im Korridor hatten die beiden Geschwister aus einer Stiege und drei Stühlen eine Art Karosse erbaut, und davor stand ein richtiges Holzpferd. Peter sollte den Kutscher machen wie sonst, doch Peter lächelte verächtlich und sagte: »Ich bin überhaupt schon viel zu groß für das Zeugs da.« Und er achtete den Protest der Bittsteller für nichts und schritt erhobenen Hauptes weiter. Doch er konnte es nicht unterlassen, trotz des fast männlichen Stolzes, der ihn jetzt erfüllte, rittlings am Stiegengeländer herabzugleiten, so daß er blitzschnell im Hausflur anlangte.

Hinaus gegen den Fronmüllerssteg und unter die Riesenbögen der Eisenbahnbrücke! Dort legte er sich ins warme Gras und blickte hinauf an die Wölbung und träumte von einem Zusammenstoß, wobei viele Menschen umkamen und wo er sich als ein hilfreicher und tapferer Mann zeigen könne. Und dann ging es quer durch die Wiesen zum Waldmannsweiher, wo braun und schwer und düster das Wasser lag. Und das Wasser war tief wie ein Meer, und in seinem Grund gab es ungeheure Fische und böse Geister, die der König Salomon in Flaschen eingesperrt hatte. Und ringsherum gab es keinen Vogel, und kein Mensch ging vorbei. Und die Bäume hatten dunkelrote Blätter, die ganz unbeweglich an den Zweigen hingen. Drüben rauschte der Fluß, und hinauf und hinunter streckte sich die Ebene schier endlos. Die Stille war groß, und der Frieden war eindringlich, und es kamen wieder die alten Träume der Macht über Peter, und er sah sich in samtenem Gewand vor dem Lehrer stehen, und der zitterte vor Ehrfurcht und fragte: Was begehrt mein hoher Gebieter? Und dann zerfloß diese Fülle von Schönheit und Ruhm, und eine weiche zerfließende Wehmut beherrschte dies Kind, und seine Augen blickten verlangend nach der Lösung eines Rätsels, obwohl es doch noch weit von jener Periode entfernt war, wo der jugendliche Geist sich mit schemenhaften Bildern verquält und befleckt. Aber das Leben selbst erschien ihm als etwas ganz Erstaunliches und Fremdartiges; in seiner Seele schrie es förmlich nach Licht, wenn seine kindliche Phantasie vor jener Schranke haltmachen mußte, an welcher der Storch stand, ein Gegenstand der Verachtung und ehrfurchtgebietend zugleich. Es war auch etwas in ihm, das gleichsam nach Hilfe rief, nach Freundschaft. Es dürstete ihn danach, in die Arme genommen zu werden, in weiche, gute Arme, und daß man ihn dann küßte, auf die Stirn vielleicht oder auf den Mund, und daß man ihm sagte: Du bist brav, Peter, und ich hab' dich gern, und du hast so nette Augen, und dein Haar ist so weich. So träumte Peter, und seine Frische und die natürliche Kraft seines Wesens waren es, die ihn erschauern ließen, wenn eine schöne Frau seinen Weg kreuzte und wenn sie ihn anlächelte, daß er hätte vergehen mögen oder daß er hätte weinen mögen in irgendeinem süßen Schmerz.

Und als er gegen fünf Uhr des Nachmittags am Tor des Geschäfts in der Blumenstraße ankam, zitterte immer noch sein Herz unter der Stärke und dem Reichtum seiner Sehnsucht. Im Gewölbe herrschte eine große Unordnung, und die lichtlosen, kellerartigen Magazine waren noch unheimlicher als sonst. Aus den morschen, zerfaserten Dielen stieg bei jedem Schritt der Staub auf, und alle Spinngewebe waren schwer davon. Peter wagte es nicht, die Mutter anzureden, die in einem Verschlag nebenan über Büchern und Rechnungen gebeugt saß. Niemand beachtete ihn, und er hatte den innigen Wunsch, daß ihm jetzt etwas recht Schlimmes und Bitteres passieren möge, nur damit man sich ein wenig um ihn kümmere.

Er ging hinaus auf den Hof, setzte sich auf den Brunnentrog und gedachte, über all das Unerklärliche, das sich hier abspielte, tief und eindringlich nachzudenken. Doch er dachte statt dessen nur an Haushammers Fritz und an die Schlacht, die er heute mit ihm gewinnen müsse. Wenn ich doch so gut wiehern könnte wie Fritz, dachte er; er sitzt auf seinem Pfahl und wiehert wie ein richtiges Pferd.

Da berührte plötzlich eine leichte, kleine Hand seine Schulter, und als er aufschaute, war es Lizzi. Er vermochte nicht zu sprechen. Er wurde purpurrot im Gesicht, und es ward ihm so heiß, daß er kühle Tropfen auf seiner Stirn verspürte. »Grüß Gott, du«, begann das Mädchen. »Kannst du nicht einmal grüß Gott sagen?« – »Grüß Gott«, flüsterte der Knabe folgsam. »Hübsch bist du übrigens«, erklärte Lizzi anerkennend und warf den Kopf in den Nacken. »Weißt, ich bin schon seit drei Uhr da. Um drei Uhr bin ich mit der Bahn gekommen.« – »Allein?« fragte Peter mit schüchterner Bewunderung. »Ach nein, Vetter Höfting hat mich begleitet. Der ist Soldat.« – »Hm«, machte Peter, »ich werde auch Soldat, ich werde Marschall.«

»Eigentlich hättest du mich doch küssen sollen«, meinte Lizzi stirnrunzelnd. »Ich bin ja von der Reise gekommen.«

»Tu's doch!« erwiderte Peter, über und über erglühend.

»Nein – du *mich!* Eine Dame darf einem Herrn keinen Kuß geben«, sagte Lizzi laut und nachdrücklich.

»Du bist doch keine Dame«, brummte Peter verächtlich, und er freute sich, daß er diesen wegwerfenden Ton gefunden hatte. »Du prahlst ja.«

Aber Lizzi lachte ausgelassen und schob trotzig das Kinn zurück. »Gerade bin ich's! Und doch! Überhaupt du! Deine Mutter hat gesagt, du bist ein Träumer.« Und sie tanzte um ihn herum und klatschte in die Hände.

Peter antwortete nichts. Er machte ein schwermütiges Gesicht und hieb mit seinem Weichselrohr emsig auf den Brunnenschwengel los. Da trat das Mädchen zu ihm heran und flüsterte ihm ins Ohr: »Du, Peter, was ist denn eigentlich bei euch los? Sag doch nur? Tante Agnes hat geweint, wie ich gekommen bin. Sag doch! Ich bin so neugierig!«

»Das verstehst du ja doch nicht!« Peter machte sich würdevoll daran, seinen Rock zuzuknöpfen.

»Bist du mir bös?« fragte die kleine Lizzi und zog verlegen an Peters Haaren. »Komm, sei lustig! Du mußt nicht immer so den Kopf hängen. Wenn du lustig bist, will ich dich auch küssen – wahrhaftig!«

Und sie näherte ihre Wangen dem Gesicht des Knaben. Und sie sah ihn an mit jener seltsamen Koketterie kleiner Mädchen. Peter preßte die Lippen zusammen, und sein Kopf ward ihm wahrlich schwer. Und mit zwei Fingern zog er an der Unterlippe und riß ein Stückchen Haut davon weg. Das alles begriff Lizzi nicht. Nicht, warum er so rot geworden und auch sein Schweigen nicht. Doch plötzlich, während sie sinnend zum Himmel emporblickte, ergoß sich über ihre Wangen eine Flut von Scham. Sie wandte sich und lief ins Haus. Und Peter schüttelte betrübt den Kopf. Er fühlte sich erbittert und erregt und unzufrieden und wußte nicht warum. Gehässig und feindselig blickte er zu Boden.

5

Und gegen Abend gingen sie zusammen nach Hause, Hand in Hand.

Schon war die Sonne untergegangen, und am

westlichen Himmel lag die Röte wie ein großer, gleichmäßiger Farbenklecks. Der Himmel war wolkenlos; er sah in seiner Klarheit wie poliert aus, und die Bäume in den Gärten, die Sträucher und die Hecken waren mit ihrem blauvioletten Kolorit gleichsam hineingraviert in das stählerne Blau des Firmaments. Man sah gar keine eilfertigen Menschen; jeder schien müde zu sein wie nach einem Bad. Man vermochte an gar nichts anderes zu denken als nur daran, wie schön dieser Abend sei.

Und die zwei Kinder trotteten an den Häusermauern entlang. Sie blickten in die Abendröte, und ihnen war, als müßten sie immer weitergehen, bis hinein in das Sonnenfeuer, um dort, wer weiß, vielleicht nur zu schlafen. Die Häuser, die mit der Front nach Westen standen, waren unten an der Straße ganz grau, ganz in Dämmerung begraben, und nach oben hin wurde es immer heller, so daß der First in fahlem Licht erglänzte. Und den Kindern war es, als stünden da lauter Riesen, Leib an Leib, die mit bleichen Stirnen hinausguckten ins abendliche Land.

Dann standen sie daheim am Flurfenster, das gegen die Höfe hinausführte. Hier war es so ruhig wie zur Mitternachtszeit. Über den Mauern, über den Häusern war der Mond heraufgestiegen, rund und glühend wie eine Riesenorange. Man mußte ihn doch greifen können, den Mond. Ob man sich wohl die Hand verbrennen würde, wenn man seine guten Wangen streichelte? Ach, sie wollten auf die Straße und auf das Feld hinaus und wollten wandern und wandern, bis sie den Mond erhascht hatten. Und wenn sie müde wurden, kam vielleicht eine Fee und trug sie hin bis zum Mond, und die Fee würde ihnen Flügel geben, daß sie immer umherfliegen könnten auf der ganzen Welt.

Um acht Uhr fuhr eine Kutsche am Haus vor. Da brachten sie Frau Agnes. Der Buchhalter und der Reisende führten sie die Treppen herauf und legten sie im Wohnzimmer aufs Sofa. Sie war im Gewölbe ohnmächtig geworden.

Die Dunkelheit, die Nacht war schon hereingebrochen, und die Sterne flimmerten am Himmel. Peter saß am Fenster, während Lizzi mit den beiden Kleinen spielte und scherzte. Er lauschte auf die Klänge eines Klaviers, das irgendwo in der Nachbarschaft gespielt wurde. Es war wohl eine klägliche Art Musik das, aber des Knaben Seele zitterte in andächtiger Sehnsucht den Tönen nach. Jede Musik, auch die ärmste, griff gleichsam mit Krallen in sein Gemüt, so daß er es im Innern wie eine Wunde empfand, die man ihm geschlagen. Er dachte dabei an die Mutter, die er liebte und der er niemals zeigen konnte, daß er sie liebte. Ja, weil er sie liebte, mußte er trotzig gegen sie sein und schweigsam, und er konnte nur dann das ganze Herz in den Blick legen, mit dem er sie anschaute, wenn sie ihn nicht bemerkte. Es war, als ob ihm jetzt manches Zukünftige sichtbar würde, und seine Brust ward von einer lastenden Bitterkeit erfüllt. Furchtsam, mit weiten Augen sah er ins Ungemessene.

Am andern Tag kam Tante Regina. Mürrisch, mit fast drohendem Gesicht ging sie im Haus umher. Sie war groß und hager. Ihr Gesicht war gänzlich verknöchert, und ihr Mund war eingekniffen, und wenn sie mit jemandem sprach, so schaute sie ihn ununterbrochen, fast ohne mit den Lidern zu zucken an, so daß es vielen völlig unmöglich war zu lügen, wenn sie mit ihr redeten. Wenn der Abend kam, setzte sie sich ans Bett der Schwester und legte ihre Hand auf die Stirn der Kranken, und es lag etwas so Beruhigendes und Liebevolles in dieser Berührung, daß Frau Agnes oft mit einem Lächeln im Gesicht langsam einschlummerte. Es war beständig dasselbe Lächeln bei ihr; ein Lächeln mit diesen Worten: Oh, ich habe meine Ideale schon lange begraben.

Peter saß lesend im Wohnzimmer, und das Licht der Lampe war durch einen Crepeschirm so sehr gedämpft, daß rings alles in einer warmen, roten Dämmerung lag. Und wenn er die Augen vom Buch erhob, konnte er die Mutter sehen, wie sie in der weißen Nachtjacke auf den weißen Kissen lag. Auch das Gesicht erschien ihm wie ein weißer Fleck, und die blonden Haare erschienen fast schwarz und umrahmten ihren Körper, der bewegungslos hingestreckt war in der Dunkelheit drinnen.

Und dann kam Lizzi hergeschlichen und legte ihren Arm um des Knaben Hals, und sie sahen zusammen auf ein Buch nieder, und Peter tat so, als ob er weiterläse, während sein Herz in ungestümer Bangnis klopfte. Sie gingen auch wohl an den Nachmittagen zusammen spazieren und spielten Vater und Mutter, wobei Peter gar zu sehr mit Kenntnissen prahlte, während Lizzi das Kleid raffte, als ob die Schleppe den Boden streifte und schmutzig würde. Das ärgerte dann den Knaben, und er nannte sie eine Prahlerin und klopfte mit seinem Stock auf die Pflastersteine los. Darauf hielt sich Lizzi die Ohren zu und rief, das könne sie nicht aushalten, der Lärm mache sie »nervös«. – »Das hast du von deiner Mutter gehört«, meinte Peter triumphierend wie ein Etymologe, der einen Wortstamm entdeckt hat; dann begann Lizzi zu heulen, und dies erschütterte nun Peter gar sehr, so daß er um Verzeihung bat und wie ein Hündchen zu Kreuze kroch.

Sie hatten bald keine Geheimnisse mehr, und das Leben war ihnen wie ein großer Blütengarten, und die Sonne schien hell, bis sie ahnten, was im Hause vorging und der schwüle Hauch des Unglücks ihre unschuldige Stirn streifte.

Von Tag zu Tag wurde Frau Agnes kränker. Erst

war der Doktor jeden zweiten und dritten Tag gekommen, nach einer Woche schon kam er täglich. Und Tag und Nacht saß Tante Regina an ihrem Bett, oder sie sah in der Küche nach, schaffte Ruhe und Ordnung im Haus, und dabei wurde sie immer wortkarger und mürrischer. Zu Ende des Mais wurde nach einem Professor von der Universität telegraphiert. Als Peter dies hörte, berichtete er es atemlos, jedoch ohne Arg, seiner kleinen Kameradin, und die beiden freuten sich, einmal einen Professor mit eigenen Augen sehen zu können.

Kein Laut durfte im Haus hörbar werden. Jetzt begann es auch zu regnen, und es regnete unaufhörlich, den ganzen Tag und die ganze Nacht. Da gingen Peter und Lizzi in den Flur, setzten sich ans Fenster und lasen Märchen. Und es war sehr still. Die beiden kleineren Geschwister waren schon gestern zu einer entfernten Verwandten geschafft worden, da sie immer großen Lärm verübten.

»Du, ich möchte eigentlich wissen, wie das ist, wenn man tot ist«, unterbrach plötzlich die kleine Lizzi die Lektüre.

»Da hat man kein Herz und kein Gehirn mehr«, erwiderte Peter. »Ja, eigentlich möcht ich auch wissen, wie das ist«, fügte er nach einer Weile träumerisch hinzu. »Tot ... tot ... was für ein dummes Wort: t, o, t ...«

»Was ist mehr: tot oder maustot?« fragte Lizzi. »Du – glaubst du das vom Himmel und von der Hölle?«

»Von der Hölle – nein! Aber einen Himmel muß es doch geben.«

»Ja, aber die Räuber und die –?«

Lizzi nagte beklommen an ihrer Unterlippe.

»Ich habe schon einmal geträumt, ich wäre tot«, erzählte Peter, der seiner Kameradin imponieren wollte. »Aber da bin ich wieder aufgewacht. Möchtest du sterben?«

Das Mädchen schüttelte langsam den Kopf, und sie flüsterte geheimnisvoll: »Weißt du, wo der liebe Gott wohnt? Ich weiß es. Neben dem Leichenhaus wohnt er, auf dem alten Kirchhof ... Ja, das ist wahr, das hat meine Freundin gesagt, und der hat's ihr Bruder gesagt.«

»Das ist blöd«, erklärte Peter. »Der liebe Gott hat gar nicht Platz im Leichenhaus, und dann kann er ja auch viel schönere Häuser haben, wenn er will.«

»Er will aber nicht.«

»Ach und überhaupt, der liebe Gott wohnt gar nicht auf der Welt. Er wohnt im Firmament, weit, weit, weit draußen überm Meer, wo schon die Mauer ist. Die ist so hoch wie der Himmel. Das hat Barbara gesagt. Die muß es doch wissen, die ist doch schon groß.«

Lizzi zuckte die Achseln und sprang davon. Sie wollte in den Hof, aber sie erinnerte sich des Regens, und so blieb sie auf der Treppe sitzen und legte das Köpfchen zwischen ihre Hände; die Ellbogen auf die Knie gestützt, sah sie gedankenvoll vor sich nieder. Peter kam und setzte sich zu ihr. Wie mechanisch ergriffen sich beide an den Händen, und sie redeten kein Wort zueinander. Es war so dunkel da und so heimlich, und man konnte hinabsehen in den Hausflur, und sogar ein Stückchen Straße konnte man sehen. Der Regen plätscherte und plätscherte und rann die Rinnen herab, und es war wie ein Traum, daß sie da saßen, dicht eins ans andere geschmiegt, so daß jedes des andern Herz klopfen hörte. Und es schien das Haus voll Todesahnungen zu sein, und Peter dachte daran, daß Barbara ihm gestern gesagt, wenn in einem Haus jemand sterben muß, dann fliegt drei Tage vorher der Totenvogel um das Dach. Dreimal fliegt er um den First und stößt einen Schrei aus, und dann ist er verschwunden. Ihm war, als sehe er die schwarzen Fittiche, als fühle er das Rauschen dieser Fittiche, und sein Gesicht wurde gar bleich bei solcher Vorstellung. Den ganzen Tag über waren schon die Verwandten gekommen und hatten die Mutter besucht und hatten so trübselig dreingeschaut. Kaum daß sie zu sprechen gewagt hatten. Was sollte das alles bedeuten? Er fürchtete sich vor etwas Unbestimmtem und Namenlosem, vor etwas Schrecklichem. Stets sah er den finstern Herrn Professor von der Universität vor sich, den alle so ehrfürchtig behandelten und der so vornehm war, daß er gar nicht einmal reden mochte. Oh, er hätte groß sein mögen, er hätte dies alles durchschauen mögen ... Ein Hahn krähte, und Lizzi lachte und versuchte, das grelle Kikeriki nachzuahmen. Aber Peter legte ihr erschrocken die Hand auf den Mund. Ihm war, als seien sie jetzt in einem Heiligtum, und die Stille und der Frieden dürften nicht gestört werden, um keinen Preis. Der Regen und sein Geplätscher, die Dämmerung ringsumher und das alles machte ihn unbeschreiblich traurig. Er hätte gar gern weinen mögen, wenn er sich nicht geschämt hätte vor dem Mädchen. Daher zuckten nur seine Lippen, und er schaute am Stiegengeländer hinab, als ob er da in die Ewigkeit schaute. Und er nickte immer recht ernst, wenn in kurzen Pausen ein großer Tropfen vor dem Hoftor klatschte. Dort hat die Dachrinne ein Loch, dachte er.

Dann sagte Lizzi, sie habe Hunger, und Peter, als sei dies eine Bevorzugung, versicherte eilig, auch er habe Hunger. So gingen sie hinauf in die Küche und verlangten von Barbara ein Butterbrot. Die aber zog ihr Taschentuch rasch vom Gesicht und herrschte die Kinder grimmig an. Herzlose Rangen seien sie; jetzt sei keine Zeit, um zu essen; sie sollten sich zum Teufel scheren, und wenn noch einmal eins komme, werde sie den Besen nehmen.

Nun wurde auch Lizzi traurig. Müd und gottverlassen wanderten sie im Haus herum, vom Zimmer in den Flur, in den Hof. Niemand kümmerte sich um sie, und das Herz ward ihnen plötzlich schwer wie Blei. Peter schlug vor, sie wollten in den Speicher gehen, und das Mädchen folgte willenlos. Es war, wie wenn sie sich ihm jetzt unterwürfe und sich bereit erkläre, ihm in allen Stücken zu gehorchen. So ängstlich war ihr zumut.

Ein graues, dämmeriges Licht herrschte im Speicher und eine trockene, schwüle Luft. Hier gibt es Taranteln und Molche, dachte Peter, und er fürchtete sich, laut aufzutreten. Alle Verschläge waren geschlossen, bis auf einen einzigen, der sich ganz hinten zwischen zwei Kaminen befand. Da hinein gingen die Kinder, und Lizzi breitete eine braune, durchlöcherte Decke, die in einer großen Kiste gelegen, auf dem Boden aus, und beide setzten sich darauf, ganz in den spitzen Winkel zwischen Dach und Boden hinein. Und das Rascheln und Trommeln des Regens auf dem Dach war ganz sonderlich anzuhören, und bald sagte Lizzi, daß sie sich fürchte. Doch Peter stand auf und versuchte, den mutigen Beschützer zu spielen, obwohl auch ihm sehr bang zumut war und er es bitter bereute, heraufgegangen zu sein. Er stand jetzt am Dachfensterchen und sah hinaus auf die Stadt, auf das weite, ebene Land. Und der Abend nahte heran, und drüben im Westen war der Himmel mit einem tiefdüsterroten Band gesäumt. Kein Geräusch drang bis hier herauf aus dem Gewimmel der Häuser, und die Türme, die emporragten, erschienen ihm fast wie Stengel ohne Blüten. Jetzt begannen hinten am Giebel die Tauben zu gurren, und immer stärker trommelte der Regen auf das Schieferdach und tropfte in die Rinne hinab. Über das kleine Fenster floß das Wasser in Strömen, so daß man den Himmel nicht mehr sehen konnte. Peter wagte sich nicht mehr zu rühren; alles in der Runde war ihm plötzlich unheimlich geworden, und er bat den lieben Gott um Hilfe in dieser Not. Lizzi begann leise zu weinen, da ging er doch hin, um sie zu trösten, und er setzte sich wieder zu ihr. Sie schlang ihren Arm um seinen Nacken und legte ihre Wange an die seine. Peter schloß seine Augen, denn auf einmal war es ziemlich dunkel geworden, und er wagte nicht hineinzublicken in diese Dunkelheit, denn da sah er den Tod leibhaftig vor sich stehen. Und dann kam auch der liebe Gott und blickte streng herab auf Peter. Es fiel ihm ein, daß er noch gar nicht seine Schulaufgaben gemacht habe, und wie ein leiser Schauer wurde ihm dunkel bewußt, daß es nicht gut sei, solch ein Träumer zu sein. Er sagte gute Worte zu dem kleinen furchtsamen Mädchen, dessen Körper zitternd an ihm lehnte, und er küßte sie auf den Mund. Dann sagte er, sie wollten jetzt wieder hinuntergehen, er fürchte sich nimmer. Da wischte Lizzi die Tränen von ihren Wangen und folgte ihm, bisweilen einen leisen Schrei ausstoßend, wenn irgendein ungewohnter Laut hörbar wurde. Kaum war sie unten, so war es für sie, als ob nichts geschehen wäre. Sie forderte Peter auf, mit ihr zu spielen, und sie spielten Namenerraten. Da stritten sie, welcher Name schöner sei: Regina oder Agnes. Peter behauptete, Tante Regina laute häßlich, aber Tante Agnes, das sei wunderbar, herrlich sei das. Lizzi fand jedoch, daß damit die Ehre ihrer Mutter angegriffen sei und schmollte mit Peter.

Am andern Tag kam Peter ins Wohnzimmer, um zu lesen. Als ihn Tante Regina sah, lächelte sie voll Trauer und Güte, und sie sagte, daß die Mutter sehr krank sei. Sie hatte die Tür zum Schlafzimmer nicht ganz geschlossen, darum dämpfte sie ihre Stimme. Aber die Kranke hatte sie trotzdem gehört, und sie rief mit erloschener Stimme, Peter solle hereinkommen.

Es war halbdunkel drinnen. Es roch nach Karbol und nach jener abgelagerten, aufgespeicherten Wärme, die den Krankenzimmern eigen ist. Weiche Teppiche bedeckten den Boden, und Peter beschaute neugierig die vielen Flaschen und Fläschchen und Schachteln und Schüsseln. Er empfand nicht Mitleid mit der Mutter, sondern nur Neugierde und Ehrfurcht erfüllten ihn. Ja, er wünschte, auch einmal so krank zu werden, damit man so besorgt um ihn sei und damit er alles so schön habe. Und die Mutter legte nun ihren Arm um seinen Hals und küßte ihn auf den Mund. Da hatte sie auf einmal jenen Zug der Unerbittlichkeit, den die Mutter als die strafende Macht in seiner Vorstellung besaß, verloren. Und das machte ihn traurig. Er hätte ihr gern sein armes Herz ausschütten mögen. Er hätte ihr sagen mögen, wie verhaßt ihm die Schule war und der dumme Lehrer, und daß niemand da sei, der ihn verstehe und der ihn so recht von ganzer Seele liebhabe, und daß er die Mutter schrecklich liebhabe und es nur nicht sagen könne ... Er brachte kein Wort über die Lippen. Die Mutter reichte ihm eine der Aprikosen, die auf dem kleinen Tischchen am Bett lagen, und er konnte ihr nicht einmal danken.

»Willst du denn ein guter Mensch werden, Peter?« fragte Frau Agnes leise. »Schau, du mußt später immer an mich denken, wenn dir etwas nicht recht erscheint. Ach, und du mußt kein solcher Träumer sein, das mußt du mir versprechen. Du mußt nicht den Kopf immer hängen lassen. Du mußt froh sein, du mußt dir was Großes vornehmen im Leben und mußt immer deine Pflicht erfüllen. Nur nicht so viel träumen; schau, ich hab' auch mein Leben verträumt, und es ist nichts daraus geworden.«

Erschöpft hielt sie inne, und dann kamen die Ärzte, und Tante Regina schob ihn hinaus. Immerfort mußte er an die Mutter denken und an das, was sie ihm gesagt. Er vermochte nicht eigentlich darüber nachzudenken, sondern es war nur ein dumpfes Hinträumen; er fragte sich furchtsam, was das wohl sei, dies geheimnisvolle »Leben«, daß man sich so sorgen mußte darob. Er dachte auch wieder daran, daß er bis jetzt noch keine Schulaufgaben gemacht und daß er alle Ferientage verbummelt und verträumt habe. Doch der Abend nahte schon, und er war so müde vom Grübeln, daß er ins Bett ging. Stundenlang hatte er schon geschlafen, da hatte er folgenden Traum:

Er fuhr in einer Karosse, und neben ihm saß die Mutter. Und sie blickte mit ihren großen, wundervollen Augen nachdenklich vor sich nieder. Durch eine weite Wüste fuhren sie, in der man nichts als Sand und Steine und die rote Sonne sah. Und hinter der Kutsche lief der Vater und schwang die Peitsche. Sein Gesicht war ganz rot und aufgequollen, ganz häßlich, und er schrie immer und konnte nicht nachkommen. Die Mutter aber lächelte verächtlich und streichelte Peters Haar langsam und liebevoll und flüsterte: Verträumt hab' ich mein Leben, verträumt ... Plötzlich aber traf sie die Peitsche des Vaters mitten ins Gesicht, und das helle Blut floß aus ihren Wangen und aus ihrer Stirn. Sie wurde immer bleicher, aber der Vater schrie immerzu, und die Karosse stand nicht still. Peter fühlte, wie die Hand der Mutter auf seinem Kopf erstarrte, wie sich die Finger ins Haar einkrampften, als sie sich zurücklehnte, seufzend und bleich ...

Da erwachte er mit einem halberstickten Schrei.

Es war anfangs so völlig Nacht um ihn, daß er nicht einmal das Fenster sehen konnte, gerade wie wenn seine Augen im Traum durch eine grelle Lichtflut geblendet worden wären. Eine unbestimmte Angst erfaßte ihn, jenes Gefühl, das gar oft in der Finsternis der Nacht kommt und das den Menschen unerbittlich zwingt, Schreckbilder zu sehen und an sie zu glauben. Und dann ging diese Angst wieder in jene allgemeine und beklemmende Furcht vor dem Leben über, und er kam sich so hilflos vor, so allein. Sein Herz klopfte laut ... Doch plötzlich war es, als ob ein wilder und ungestümer Entschluß in seiner Seele erwacht sei. Ich will nicht träumen, sagte er sich, ich will ein Mann werden. Und jetzt muß ich auch meine Schulaufgaben machen, ja, heute nacht noch, und die Mutter soll sehen, daß ich nicht so ein Herumträumer bin. Feldmarschall werden, das ist ja Unsinn; Baumeister will ich werden, da kann man viele schöne Häuser bauen, und man kann über alle Maurer befehlen und hat auch viel Geld. Da kann ich dann der Mutter was davon geben. Ich will ihr ein großes marmornes Schloß am Meer bauen, darinnen soll sie wohnen, ganz allein mit mir. Und ihm wurde das Leben plötzlich golden und heiter in seiner Wirklichkeit, nicht mehr wie früher im Traum. Und eine ganz fremde Glut erwärmte nun seinen Körper, so, als ob er vorher hätte leiden müssen durch Frost, und als ob man ihn nun an ein wärmendes Feuer getragen hätte. Ein ganzes Weltbild spiegelte sich in seinem kindlichen Geist, und er sah wohl, daß er noch im Tal wandere, wo es düster war, in der Schlucht, dahin der Tag noch nicht dringen könne; doch oben auf dem Kamm der Berge, da war das Licht und da war Helligkeit, so daß man die Augen zumachen mußte davor. Glück war da oben und Froheit und Jauchzen und frischer Kampf und keine Träume, sondern der Weg lag da so klar und bestimmt, daß man nicht fehltreten konnte. Und eine schöne Frau stand da. Sie lächelte ihm zu, sie warf ihm Blüten ins Gesicht, und sie neckte ihn, wenn er den Kopf hängen ließ und grübeln wollte. Blühende Landschaften sah er und Flüsse, die vom Gold der Sonne glänzten, und er gewahrte nichts mehr von der Finsternis ringsumher. Ach, wenn er doch jetzt groß wäre und stark, dann hätte er heiraten können, und ein Schloß würde er sich bauen mitten im Wald und lauter Schlösser in der Runde so herrlich wie die Residenz des Königs ... Was wollte er alles ausrichten im Leben, was alles vor sich bringen! Wie große Augen würde Lizzi machen, wenn er ihr dies alles berichtete! Und nun mußte er zur Mutter, jetzt gleich, und mußte ihr sagen, daß er kein Träumer mehr sei und kein Kopfhänger, daß er froh sein werde und gut und gegen alle Menschen freundlich.

Er sprang aus dem Bett und eilte in das Zimmer

der Mutter. Im Wohnzimmer war es finster, und ihm schien, als klänge vom Sofa her ein Stöhnen. Er blieb stehen und betastete sich und knöpfte das Hemdchen, das über der Brust offenstand, wieder zu. Denn es fror ihn, barfüßig und im Hemd, wie er war.

Im Krankenzimmer brannte Licht. Aber die Lampe war so tief heruntergeschraubt, daß von der Schwelle aus kaum noch die Gardinen sichtbar waren. Dem Knaben erschien alles anders, gleichsam starrer, lebloser. Er wußte nicht, wie weit die Nacht vorgerückt war, und ihm graute auf einmal vor dieser Einsamkeit und vor der Stille. Wo war Tante Regina? Wo war Barbara? Indem er ins Wohnzimmer zurückschaute, sah er sich selbst im Spiegel – nur einen weißen Fleck, düster und gespensterhaft.

Dort lag die Mutter. Sie rührte sich nicht. Er flüsterte: »Mutter!« Aber sie blieb trotzdem unbeweglich. Er ging näher heran. Kaum konnte er sich aufrecht erhalten, so sehr hatte ihn eine unbestimmte Furcht ergriffen, eine Furcht, die ihm heiß machte, die sein Herz beschwerte, die ihn daran denken ließ, ob es nicht gut wäre, niederzuknien und zu beten. Er hatte sehr große Lust zu weinen, aber es umwehte ihn wie ein Schauer unsichtbarer Fittiche, so daß er mit weit aufgerissenen Augen vergeblich der Tränen harrte. Da stand er nun am Bett. Die Aprikosen lagen noch auf dem Tischchen. Wie leicht hätte er nun eine nehmen können, und niemand würde was merken. Und die Arzneiflaschen standen da, rot beklebt.

Die Mutter war bleicher, als er je an einem Menschen gesehen. Er sah sie gar nicht atmen, und er fragte sich neugierig, wie es komme, daß sie so unnatürlich starr dalag, mit dieser wächsernen Farbe des Angesichts. Die Augenlider waren ja nicht einmal völlig geschlossen; das Dunkel des Augapfels schimmerte durch die Wimpern – so, als wäre sie über irgendeinen Gegenstand in sehr tiefe Gedanken gefallen, so daß sie alles um sich her vergessen mußte. Aufgelöst waren die Haare, und sie flossen hinab über den Bettrand ... Jetzt hörte er ganz deutlich, daß jemand im Wohnzimmer draußen stöhnte! Das mußte wohl Tante Regina sein. Aber weshalb sollte sie wohl weinen? Sie war doch schon so alt. So alte Leute weinen doch nicht mehr.

Peter berührte die Hand der Mutter und erschrak. Wie kalt fühlte sich das Fleisch an! So kalt wie ein Stein. Er beugte sich zu ihr. Er näherte die Lippen ihrem Ohr und fragte: »Schläfst du, Mutter?«

Heinrich Heine
An meine Mutter B. Heine, geborene v. Geldern

1

Ich bins gewohnt, den Kopf recht hoch zu tragen,
Mein Sinn ist auch ein bißchen starr und zähe;
Wenn selbst der König mir ins Antlitz sähe,
Ich würde nicht die Augen niederschlagen.

Doch, liebe Mutter, offen will ichs sagen:
Wie mächtig auch mein stolzer Mut sich blähe,
In deiner selig süßen, trauten Nähe
Ergreift mich oft ein demutvolles Zagen.

Ist es dein Geist, der heimlich mich bezwinget,
Dein hoher Geist, der alles kühn durchdringet,
Und blitzend sich zum Himmelslichte schwinget?

Quält mich Erinnerung, daß ich verübet
So manche Tat, die dir das Herz betrübet?
Das schöne Herz, das mich so sehr geliebet?

2

Im tollen Wahn hatt ich dich einst verlassen,
Ich wollte gehn die ganze Welt zu Ende,
Und wollte sehn, ob ich die Liebe fände,
Um liebevoll die Liebe zu umfassen.

Die Liebe suchte ich auf allen Gassen,
Vor jeder Türe streckt ich aus die Hände,
Und bettelte um gringe Liebesspende –
Doch lachend gab man mir nur kaltes Hassen.

Und immer irrte ich nach Liebe, immer
Nach Liebe, doch die Liebe fand ich nimmer,
Und kehrte um nach Hause, krank und trübe.

Doch da bist du entgegen mir gekommen,
Und ach! was da in deinem Aug geschwommen,
Das war die süße, langgesuchte Liebe.

Wolfgang Ebert
Mutterlogik

Flo (3) holte kurz aus – schon schrie Astrid (3) wie am Spieß.

»Flo hat schon wieder die Astrid geschlagen«, meldete ich Flos Mutter.

»Was du immer an dem Jungen herumzunörgeln hast. Flo schlägt keine Kinder. Astrid heult oft ohne Grund.«

»Diesmal hatte sie einen. Ich sah's mit eigenen Augen.«

»Du siehst immer gerade hin, wenn Flo was anstellt. Was dem vorausging, hast du natürlich nicht gesehen.«

»Du offensichtlich auch nicht.«

»Ich kann es mir vorstellen. Flo tut nie etwas ohne Grund. Wenn er wirklich geschlagen hat, dann höchstens in Notwehr. Wahrscheinlich ist er wieder von ihr provoziert worden.«

»Ach, in solchen Fällen schlägt dein Zuckerjunge also doch?«

»Das würde ich nicht schlagen nennen. Das ist seine noch etwas tapsige Art, seinen Unmut auszudrücken.«

Astrid schrie schon wieder. Flo hatte sie heftig

gepackt, sie dabei umgerissen, und sich dann auf sie geworfen. Flos Mutter erklärte das so:

»Er wollte sie nur zärtlich umarmen. Das hat Astrid mißverstanden. Im übrigen sind alle Kinder so, wenn sie müde sind.«

Flo schien sehr müde zu sein, denn jetzt fing er damit an, uns mit allen möglichen Gegenständen zu bewerfen. Eine Haarbürste verfehlte den Kopf seiner Mutter um Millimeter. Die meinte: »So was muß man einfach ignorieren. Das ist jetzt seine aggressive Phase. Die haben alle Kinder früher oder später.«

»Dann habe ich also gestern nur seine aggressive Phase erlebt, als er versuchte, mir die Augen auszukratzen?«

»Mein Gott, was hast du dem armen Kind vorher getan?«

»Ich war nur zu müde, mit ihm ›Auto‹ zu spielen.«

»Was, zu müde, um mit einem Kind zu spielen? Du Unmensch! Weißt du, was das war? Liebesentzug!«

Else Lasker-Schüler
Mutter

O Mutter, wenn du leben würdest,
Dann möcht ich spielen in deinem Schoß.

Mir ist bang und mein Herz schmerzt
Von der vielen Pein.
Überall sprießt Blutlaub.

Wo soll mein Kind hin?
Ich baute keinen Pfad froh,
Alle Erde ist aufgewühlt.

Liebe, liebe Mutter.

Heinrich Böll
Die Postkarte

Niemand von denen, die mich kennen, begreift die Sorgfalt, mit der ich einen Papierfetzen aufbewahre, der völlig wertlos ist, lediglich die Erinnerung an einen bestimmten Tag meines Lebens wachhält und mich in den Ruf einer Sentimentalität bringt, die man meines Bildungsgrades für unwürdig hält: Ich bin Prokurist einer Textilfirma. Doch ich wehre mich gegen den Vorwurf der Sentimentalität und versuche immer wieder, diesem Papierfetzen dokumentarischen Wert zuzusprechen. Es ist ein winziges, rechteckiges Stück einfachen Papiers, das zwar das Ausmaß, nicht aber das Format einer Briefmarke hat, es ist schmäler und länger als eine solche, und obwohl es von der Post stammt, hat es nicht den geringsten Sammelwert: Es ist mit einem kräftigen Rot umrandet, durch einen weiteren roten Querstrich in zwei Rechtecke verschiedener Größe geteilt, und im kleineren dieser Rechtecke steht ein fettes schwarzgedrucktes R, im größeren schwarzgedruckt »Düsseldorf« und eine Zahl – die Zahl 634. Das ist alles, und das Papierstückchen ist vergilbt, fast schon verschlissen, und nun, da ich es genau beschrieben habe, entschließe ich mich, es wegzuwerfen: ein einfaches Einschreibe-Etikett, wie jede Postanstalt sie täglich rollenweise verklebt.

Aber dieses Papierstückchen erinnert mich an einen Tag meines Lebens, der wirklich unvergeßlich ist, obwohl man vielfach versucht hat, ihn aus meiner Erinnerung zu streichen. Doch mein Gedächtnis funktioniert zu gut.

Zuerst, wenn ich an diesen Tag denke, rieche ich Vanillepudding, eine warme und süße Wolke, die unter meiner Schlafzimmertür hereinkroch und mich an das gute Herz meiner Mutter gemahnte: Ich hatte sie gebeten, mir an meinem ersten Urlaubstag Vanilleeis zu machen, und als ich wach wurde, roch ich es.

Es war halb elf. Ich steckte mir eine Zigarette an, schob das Kopfkissen hoch und malte mir aus, wie ich den Nachmittag verbringen würde. Ich wollte schwimmen gehen; nach dem Essen würde ich ins Strandbad fahren, würde ein bißchen schwimmen, lesen, rauchen und auf eine kleine Kollegin warten, die versprochen hatte, nach fünf ins Strandbad zu kommen.

In der Küche klopfte meine Mutter Fleisch, und wenn sie für einen Augenblick aussetzte, hörte ich, daß sie etwas vor sich hinsummte. Es war ein Kirchenlied. Ich war sehr glücklich. Am Tage vorher hatte ich die Gehilfenprüfung bestanden, ich hatte eine gute Stelle in einer Textilfabrik, eine Stelle mit Aufstiegsmöglichkeiten – aber jetzt hatte ich Urlaub, vierzehn Tage Urlaub, und es war Sommer. Draußen war es heiß, aber ich hatte Hitze damals noch gern: durch die Spalten in den Läden sah ich draußen das, was man uns Glast zu nennen gelehrt hat; ich sah das Grün der Bäume vor unserem Haus, hörte die Straßenbahn. Und ich freute mich auf das Frühstück. Dann kam die Mutter, um an meiner Tür zu horchen; sie ging durch die Diele, blieb vor meiner Tür stehen, es war einen Augenblick still in unserer Wohnung, und ich wollte gerade »Mutter« rufen, da klingelte es. Meine Mutter ging zur Tür, und ich hörte unten dieses merkwürdig helle Brummen des Summers, vier-, fünf-, sechsmal brummte er, und meine Mutter sprach draußen mit Frau Kurz, die neben uns wohnte. Dann kam eine Männerstimme, und ich wußte sofort, daß es der Briefträger war, obwohl ich ihn nur selten gehört hatte. Der Briefträger kam in unseren Flur, meine Mutter sagte: »Was?« und der Briefträger sagte: »Hier – unterschreiben Sie bitte.« Dann war es einen Augenblick sehr still, der Briefträger sagte: »Danke schön«, meine Mutter warf die Tür hinter ihm zu, und ich hörte, daß sie in die Küche zurückging. Kurz danach stand ich auf und ging ins Badezimmer. Ich rasierte mich, wusch mich lange und gründlich, und als ich den Wasserhahn abstellte, hörte ich, daß meine Mutter angefangen hatte, den Kaffee zu mahlen. Es war wie sonntags, nur daß ich an diesem Tage nicht in der Kirche gewesen war.

Niemand wird es mir glauben, aber mein Herz war mir plötzlich schwer. Ich weiß nicht warum, aber es war schwer. Ich hörte die Kaffeemühle nicht mehr. Ich trocknete mich ab, zog Hemd und Hose an, Strümpfe und Schuhe, kämmte mich und ging ins Wohnzimmer. Blumen standen auf dem Tisch, schöne rosa Nelken, es war alles sauber gedeckt, und auf meinem Teller lag eine rote Pakkung Zigaretten.

Dann kam die Mutter mit der Kaffeekanne aus der Küche, und ich sah sofort, daß sie geweint hatte. Sie hielt in der einen Hand die Kaffeekanne, in der anderen ein kleines Päckchen Post, und ihre Augen waren gerötet. Ich ging ihr entgegen, nahm ihr die Kanne aus der Hand, küßte sie auf die Wange und sagte: »Guten Morgen.« Sie blickte mich an, sagte: »Guten Morgen, hast du gut geschlafen?« Dabei versuchte sie zu lächeln, aber es gelang ihr nicht.

Wir setzten uns, meine Mutter goß Kaffee ein, und ich öffnete die rote Packung, die auf meinem Teller lag, und steckte eine Zigarette an. Ich hatte plötzlich keinen Appetit mehr. Ich rührte Milch und Zucker im Kaffee um, versuchte die Mutter anzusehen, aber ich senkte immer wieder schnell den Blick. »Ist Post gekommen?« fragte ich, obwohl es sinnlos war, denn die rote, kleine Hand der Mutter ruhte auf dem kleinen Päckchen, auf dem zuoberst die Zeitung lag.

»Ja«, sagte sie und schob mir den Packen zu. Ich

schlug die Zeitung auf, während meine Mutter anfing, mir ein Butterbrot zu schmieren. Auf dem Titelblatt der Zeitung stand als Schlagzeile: »Fortgesetzte Schikanen gegen Deutsche im Korridor!« Ähnliches stand schon seit Wochen auf den Titelblättern der Zeitungen. Berichte »von dem Geknalle an der polnischen Grenze und von den Flüchtlingen, die die Sphäre polnischen Haders verließen und ins Reich flüchteten«. Ich legte die Zeitung weg. Dann las ich den Prospekt einer Weinfirma, die uns manchmal beliefert hatte, als Vater noch lebte. Irgendwelche Rieslinge wurden äußerst wohlfeil angeboten. Ich legte auch den Prospekt weg.

Inzwischen hatte meine Mutter das Butterbrot fertig, legte es mir auf den Teller und sagte: »Iß doch was!« Sie brach in heftiges Schluchzen aus. Ich brachte es nicht über mich, sie anzusehen. Ich kann keinen Menschen ansehen, der wirklich leidet – aber ich begriff jetzt erst, daß es irgend etwas mit der Post sein mußte. Die Post mußte es sein. Ich drückte die Zigarette aus, biß in mein Butterbrot und nahm den nächsten Brief, und als ich ihn aufhob, sah ich, daß darunter noch eine Postkarte lag. Aber den Einschreibezettel hatte ich nicht gesehen, diesen winzigen Papierfetzen, den ich heute noch aufbewahre, und der mich in den Ruf der Sentimentalität bringt. So las ich erst den Brief. Der Brief war von Onkel Edi. Onkel Edi schrieb, daß er endlich nach langen Assessorjahren Studienrat geworden war, aber er hatte sich in ein kleines Hunsrücknest versetzen lassen müssen; es war finanziell kaum eine Verbesserung, weil er nun in die miserabelste Ortsklasse geraten war. Und seine Kinder hatten Keuchhusten gehabt, und alles kotze ihn an, schrieb er, wir wüßten ja warum. Wir wußten warum, und auch uns kotzte es an. Es kotzte viele an.

Als ich nach der Postkarte greifen wollte, sah ich, daß sie weg war. Meine Mutter hatte sie genommen, hielt sie sich vor die Augen, und ich starrte auf mein angebissenes Butterbrot, rührte in meinem Kaffee und wartete.

Ich vergesse das nicht. Meine Mutter hatte nur einmal so schrecklich geweint: als mein Vater gestorben war, und auch damals hatte ich nicht gewagt, sie anzusehen. Eine Scheu, für die ich keinen Namen kannte, hatte mich davon abgehalten, sie zu trösten.

Ich versuchte, in das Butterbrot zu beißen, aber es würgte mir im Halse, denn ich hatte plötzlich begriffen, daß es nur etwas sein konnte, das mich betraf, was die Mutter so außer Fassung brachte. Die Mutter sagte irgend etwas, was ich nicht verstand, und gab mir die Karte, und jetzt sah ich das Einschreibe-Etikett: Dieses rotumrandete Rechteck, das durch einen roten Strich in zwei weitere Rechtecke geteilt war, von denen das kleinere ein fettes schwarzes R und das größere das Wort »Düsseldorf« und die Zahl 634 enthielt. Sonst war die Postkarte ganz normal, sie war an mich adressiert, und auf der Rückseite stand: »Herrn Bruno Schneider! Sie haben sich am 5. 8. 39 in der Schlieffen-Kaserne in Adenbrück zu einer achtwöchigen Übung einzufinden.« Die Worte Bruno Schneider, das Datum und Adenbrück waren getippt, alles andere war vorgedruckt, und darunter war irgendein Kritzler und dann gedruckt das Wort »Major«.

Heute weiß ich, daß der Kritzler überflüssig war. Eine Majorsunterschriftsmaschine würde denselben Dienst tun. Wichtig war nur der aufgeklebte kleine Zettel, für den meine Mutter eine Quittung hatte unterschreiben müssen.

Ich legte meine Hand auf den Arm meiner Mutter und sagte: »Mein Gott, nur für acht Wochen.« Und meine Mutter sagte: »Ach ja.«

»Nur acht Wochen«, sagte ich, und ich wußte, daß ich log, und meine Mutter trocknete die Tränen, sagte: »Ja, natürlich«, und wir logen beide, ohne zu wissen, warum wir logen, aber wir taten es und wußten darum.

Ich griff wieder zu meinem Butterbrot, und da fiel mir ein, daß schon der Vierte war, und daß ich anderen Tags um zehn Uhr dreihundert Kilometer östlich sein mußte. Ich spürte, daß ich blaß wurde, legte das Brot wieder hin und stand auf, ohne auf die Mutter zu achten. Ich ging in mein Zimmer.

Ich stand an meinem Schreibtisch, zog die Schublade heraus, schob sie wieder hinein. Ich blickte rund, spürte, daß etwas geschehen war und wußte nicht was. Das Zimmer gehörte mir nicht mehr. Das war alles. Heute weiß ich es, aber damals tat ich sinnlos Dinge, um mich meines Besitzes über dieses Zimmer zu vergewissern. Es war nutzlos, daß ich in dem Karton mit den Briefen herumkramte, meine Bücher zurechtrückte. Ehe ich wußte, was ich tat, hatte ich angefangen, meine Aktentasche zu füllen: mit Hemd, Unterhose, Handtuch und Socken, und ich ging ins Badezimmer, um mein Rasierzeug zu holen. Die Mutter saß noch immer am Frühstückstisch. Sie weinte nicht mehr. Mein angebissenes Butterbrot lag noch da, Kaffee war noch in meiner Tasse, und ich sagte zu meiner Mutter: »Ich gehe bei Gießelbachs anrufen, wann ich fahren muß.«

Als ich von Gießelbachs kam, läutete es zwölf. Es roch nach Braten und Blumenkohl in unserer Diele, und die Mutter hatte angefangen, in einem Sack Eis kleinzuschlagen, um es in unsere kleine Eismaschine zu füllen.

Mein Zug fuhr um acht abends, und ich würde morgens gegen sechs in Adenbrück sein. Bis zum Bahnhof war es nur eine Viertelstunde Weg, aber ich ging schon um drei Uhr aus dem Haus. Ich belog meine Mutter, die nicht wußte, wie lange man bis Adenbrück fahren mußte.

Diese drei Stunden, die ich noch zu Hause blieb, sind mir in der Erinnerung schlimmer und kommen mir länger vor als die ganze Zeit, die ich später weg war, und es war eine lange Zeit. Ich weiß nicht, was wir taten. Das Essen schmeckte uns nicht. Die Mutter brachte bald den Braten, den Blumenkohl, die Kartoffeln und das Vanilleeis in die Küche zurück. Dann tranken wir den Kaffee, der noch vom Frühstück her unter einer gelben Kaffeemütze stand, und ich rauchte Zigaretten, und hin und wieder wechselten wir ein paar Worte. »Acht Wochen«, sagte ich, und meine Mutter sagte: »Ja, ja – ja, natürlich«, und sie weinte nicht mehr. Drei Stunden lang logen wir uns an, bis ich es nicht mehr aushielt. Die Mutter segnete mich, küßte mich auf die Wangen, und als ich die Haustür hinter mir schloß, wußte ich, daß sie weinte.

Ich ging zum Bahnhof. Am Bahnhof war Hochbetrieb. Es war Ferienzeit: braungebrannte fröhliche Menschen liefen dort herum. Ich trank ein Bier im Wartesaal und entschloß mich gegen halb vier, die kleine Kollegin anzurufen, mit der ich mich im Strandbad hatte treffen wollen.

Während ich die Nummer wählte, die durchlöcherte Nickelscheibe immer wieder – fünfmal – in ihre Ruhelage zurückrastete, bereute ich es fast schon, aber ich wählte auch die sechste Zahl, und als ihre Stimme fragte: »Wer ist da?«, schwieg ich erst einen Augenblick, dann sagte ich langsam:

»Bruno« und: »Kannst du kommen? Ich muß weg – zum Kommiß.«

»Gleich?« fragte sie.

»Ja.«

Sie überlegte einen Augenblick, und ich hörte im Telefon die Stimmen der anderen, die offenbar Geld einsammelten, um Eis zu holen.

»Gut«, sagte sie, »ich komme. Zum Bahnhof?«

»Ja«, sagte ich.

Sie kam sehr schnell zum Bahnhof, und ich weiß heute noch nicht, obwohl sie doch schon seit zehn Jahren meine Frau ist, heute weiß ich noch nicht, ob ich dieses Telefongespräch bereuen soll. Immerhin hat sie meine Stelle bei der Firma offengehalten, hat meinen erloschenen Ehrgeiz, als ich nach Hause kam, wieder zum Leben erweckt, und im Grunde verdanke ich ihr, daß die Aufstiegsmöglichkeiten, die meine Stelle damals bot, sich jetzt als real erwiesen haben.

Aber auch bei ihr blieb ich damals nicht so lange, wie ich hätte bleiben können. Wir gingen ins Kino, und in diesem leeren, sehr heißen und dunklen Kinosaal küßte ich sie, obwohl ich wenig Lust dazu hatte.

Ich küßte sie oft, und ich ging schon um sechs auf den Bahnsteig, obwohl ich bis acht Zeit gehabt hätte. Auf dem Bahnsteig küßte ich sie noch einmal und stieg in irgendeinen Zug, der östlich fuhr. Seitdem kann ich keine Strandbäder mehr sehen, ohne Schmerz zu verspüren: Die Sonne, das Wasser und die Lustigkeit der Leute kommen mir falsch vor, und ich ziehe es vor, bei Regenwetter allein durch die Stadt zu schlendern und in ein Kino zu gehen, wo ich niemanden mehr küssen muß. Meine Aufstiegsmöglichkeiten bei der Firma sind noch nicht erschöpft. Ich könnte Direktor werden, und wahrscheinlich werde ich es, nach dem Gesetz einer paradoxen Trägheit. Denn man ist überzeugt, daß ich an der Firma hänge und etwas für sie tun werde. Aber ich hänge nicht an ihr und denke nicht daran, etwas für sie zu tun ... Mit großer Nachdenklichkeit habe ich sehr oft dieses Einschreibe-Etikett betrachtet, das meinem Leben eine sehr plötzliche Wendung gegeben hat. Und wenn im Sommer die Gehilfenprüfungen stattfinden und unsere Lehrlinge nachher strahlenden Gesichtes zu mir kommen, um sich gratulieren zu lassen, bin ich verpflichtet, ihnen eine kleine Rede zu halten, in der das Wort »Aufstiegsmöglichkeiten« eine traditionelle Rolle spielt.

Maksim Gorkij
Die Mutter

Etwa vierzehn Tage nach dem Tode des Vaters kam Pawel Wlassow an einem Sonntag stark betrunken nach Hause. Taumelnd zwängte er sich auf den Ehrenplatz, schlug mit der Faust auf den Tisch, wie es der Vater getan hatte, und schrie die Mutter an: »Abendessen!«

Die Mutter kam, setzte sich neben ihn, umarmte ihren Sohn und zog seinen Kopf an ihre Brust. Er stemmte die Hand gegen ihre Schulter, sträubte sich und schrie: »Mama – mach schnell!«

»Mein dummer Junge!« sagte die Mutter traurig und zärtlich, seinen Widerstand überwindend.

»Rauchen will ich auch! Gib mir Vaters Pfeife!« lallte Pawel mit schwerer Zunge.

Er hatte sich zum erstenmal betrunken. Vom Branntwein war sein Körper geschwächt, sein Bewußtsein aber nicht ausgelöscht, und in seinem Kopf hämmerte die Frage: Bin ich betrunken? Bin ich betrunken?

Die Zärtlichkeit der Mutter machte ihn verlegen, und der Kummer in ihren Augen rührte ihn. Er war dem Weinen nahe, und um es zu unterdrükken, versuchte er sich betrunkener zu stellen, als er tatsächlich war. Die Mutter aber streichelte sein schweißiges, wirres Haar und sagte leise: »Du solltest das nicht tun!«

Ihm wurde übel. Nach einem heftigen Brechanfall brachte ihn die Mutter zu Bett und bedeckte seine blasse Stirn mit einem nassen Handtuch. Er wurde etwas nüchterner, aber unter ihm und um ihn her schien alles zu schaukeln, seine Augenlider wurden schwer, und während er im Munde einen abscheulich bitteren Geschmack spürte, betrachtete er mit halbgeschlossenen Augen das große Gesicht der Mutter und dachte verworren: Es ist wohl noch zu früh für mich. Die anderen trinken, denen macht es nichts aus. Mir aber wird übel.

Wie aus weiter Ferne kam die weiche Stimme der Mutter: »Was wirst du mir für ein Ernährer sein, wenn du anfängst zu trinken?«

Er machte die Augen fest zu und sagte: »Alle trinken!«

Die Mutter seufzte schwer. Er hatte recht. Sie wußte, daß den Menschen außer in der Schenke keine Freuden blühten. Trotzdem sagte sie: »Du sollst aber nicht trinken! Für dich hat der Vater schon genug getrunken ... Und mich hat er gerade genug gequält. So hab du doch wenigstens Mitleid mit deiner Mutter, ja?«

Als Pawel die traurigen, weichen Worte hörte, dachte er daran, daß die Mutter zu Lebzeiten des Vaters ganz unbemerkt und schweigend im Hause gewaltet und immer in Furcht vor Schlägen gelebt hatte. Um ein Zusammentreffen mit dem Vater zu vermeiden, war er in letzter Zeit wenig zu Hause gewesen und hatte sich dadurch der Mutter entfremdet; als er jetzt allmählich nüchtern wurde, blickte er sie unverwandt an.

Sie war groß, etwas gebeugt, und ihre von langer Arbeit und den Schlägen ihres Mannes ausgemergelte Gestalt bewegte sich lautlos, etwas schief vorwärts, als fürchtete sie stets, irgendwo anzustoßen. In ihrem breiten, ovalen, von Runzeln durchfurchten, leicht gedunsenen Gesicht leuchteten dunkle und unruhig traurige Augen – wie bei den meisten Frauen dieser Vorstadt. Über der rechten Braue war eine tiefe Narbe, welche die Braue ein wenig in die Höhe zog; es schien, daß auch ihr rechtes Ohr etwas höher saß als das linke; das verlieh ihrem Gesicht einen Ausdruck, als horchte sie immerzu furchtsam auf etwas. In ihrem dichten, dunklen Haar schimmerten graue Strähnen. Ihr ganzes Wesen war weich, schwermütig, demütig.

Langsam flossen jetzt Tränen über ihre Wangen.

»Weine nicht!« bat der Sohn leise. »Gib mir zu trinken.«

»Ich bringe dir Wasser mit Eis.«

Doch als sie zurückkehrte, war er schon eingeschlafen. Sie blieb einen Augenblick über ihn gebeugt stehen. Der Schöpfbecher in ihrer Hand zitterte, und das Eis stieß leise gegen das Blech. Sie stellte das Gefäß auf den Tisch und sank schweigend vor den Heiligenbildern auf die Knie. Durch die Fensterscheiben drangen die Laute trunkenen Lebens. In der Dunkelheit und Feuchtigkeit des Herbstabends winselte eine Harmonika; jemand sang laut, jemand schimpfte mit gemeinen Worten; unruhig erklangen gereizte, müde Frauenstimmen …

Das Leben in dem kleinen Hause der Wlassows floß nun stiller und ruhiger dahin als bisher, etwas anders als sonst überall in der Vorstadt. Das Haus stand am Rande der Vorstadt neben einem steilen, doch nicht sehr hohen Abstieg zum Sumpf. Ein Drittel des Hauses nahmen die Küche und eine von ihr durch einen dünnen Verschlag abgeteilte Kammer ein, in der die Mutter schlief. Die übrigen zwei Drittel bildeten einen viereckigen Raum mit zwei Fenstern; in der einen Ecke stand Pawels Bett, in der anderen ein Tisch und zwei Bänke. Ein paar Stühle, eine Wäschekommode mit einem kleinen Spiegel darauf, eine Truhe für die Kleider, eine Wanduhr und zwei Heiligenbilder in der Ecke – das war die ganze Einrichtung.

Pawel tat alles, was sich für einen jungen Burschen gehörte. Er kaufte eine Harmonika, ein Hemd mit gestärktem Einsatz, eine grelle Krawatte, Galoschen, einen Spazierstock und wurde genauso wie alle Halbwüchsigen seines Alters. Er besuchte Unterhaltungsabende, lernte Quadrille und Polka tanzen, kehrte an Feiertagen betrunken heim und hatte vom Branntwein immer starke Beschwerden. Morgens tat sein Kopf weh, er hatte Sodbrennen, sein Gesicht war blaß und mißmutig.

Einmal fragte ihn die Mutter: »Nun, bist du gestern vergnügt gewesen?«

Er antwortete mit mürrischer Gereiztheit: »Stinklangweilig! Ich will lieber angeln gehen. Oder ich kaufe mir eine Flinte.«

Er arbeitete fleißig, ohne Versäumnisse und Strafen, war schweigsam, und seine blauen Augen, die ebenso groß waren wie die seiner Mutter, blickten unzufrieden. Er kaufte sich keine Flinte und ging auch nicht angeln, begann aber sich merklich von dem ausgetretenen Wege, den alle anderen wandelten, abzuwenden, besuchte seltener die Unterhaltungsabende und kehrte, obgleich er an den Feiertagen ausging, doch nüchtern heim. Die Mutter, die ihn wachsam beobachtete, sah, daß sein gebräuntes Gesicht immer spitzer wurde, seine Augen immer ernster dreinblickten und seine Lippen sich sonderbar herb zusammenpreßten. Es schien, als ärgerte er sich im stillen über etwas, oder als nagte eine Krankheit an ihm. Früher waren Freunde zu ihm gekommen, jetzt kamen sie nicht mehr, da sie ihn doch nicht zu Hause antrafen. Die Mutter freute sich darüber, daß ihr Sohn nicht so wurde wie die andern jungen Fabrikarbeiter; als sie aber bemerkte, daß er sich zielbewußt und hartnäckig von dem dunklen Strom des Lebens absonderte, erweckte das in ihrem Innern ein unklares Angstgefühl.

»Bist du etwa krank, Pawluscha?« fragte sie ihn manchmal.

»Nein, ich bin ganz gesund!« erwiderte er.

»Du bist so mager geworden!« meinte sie seufzend.

Er brachte sich Bücher mit und versuchte, sie heimlich zu lesen, und wenn er sie gelesen hatte, versteckte er sie. Zuweilen schrieb er etwas aus den Büchern auf ein einzelnes Blatt und versteckte das ebenfalls ...

Sie sprachen wenig und sahen sich nicht viel. Morgens trank er schweigend seinen Tee und ging zur Arbeit, mittags erschien er zum Essen, bei Tisch wechselten sie nichtssagende Worte, und dann verschwand er wieder bis zum Abend. Abends wusch er sich sorgfältig, aß zur Nacht und las dann lange in seinen Büchern. An Feiertagen ging er morgens fort und kam spätnachts nach Hause. Sie wußte, daß er in die Stadt ging, daß er dort das Theater besuchte; aber aus der Stadt kam niemand zu ihm. Es kam ihr vor, als ob ihr Sohn mit der Zeit immer weniger spräche, gleichzeitig bemerkte sie, daß er mitunter neue, ihr unverständliche Worte gebrauchte, die gewohnten groben, rohen Ausdrücke dagegen vermied, wenn er sprach. In seinem Benehmen fiel ihr mancherlei auf; er ließ das Geckenhafte, sorgte mehr dafür, daß er selbst und sein Anzug sauber waren, bewegte sich ungezwungener, gewandter, wurde äußerlich einfacher, sanfter, und erregte damit bei der Mutter ängstliche Aufmerksamkeit. Auch in seinem Verhalten ihr gegenüber trat etwas Neues zutage. Er fegte dann und wann den Fußboden, machte an Feiertagen selbst sein Bett und bemühte sich überhaupt, ihr die Arbeit zu erleichtern. So etwas tat sonst niemand in der Vorstadt.

Eines Tages brachte er ein Bild mit und hängte es an der Wand auf: Drei Männer schritten im Gespräch leicht und rüstig dahin.

»Das ist der auferstandene Christus, der nach Emmaus geht!« erklärte Pawel.

Der Mutter gefiel das Bild, aber sie dachte: Du verehrst Christus, aber in die Kirche gehst du nicht.

Auf dem hübschen Wandbrett, das ein befreundeter Tischler für Pawel angefertigt hatte, mehrten sich die Bücher. Das Zimmer nahm ein freundliches Aussehen an.

Er nannte sie »Mama« und sagte »Sie« zu ihr, doch bisweilen wandte er sich plötzlich zärtlich an sie: »Mach dir bitte keine Sorge, Mutter, ich komme erst spät nach Hause ...«

Das gefiel ihr; in seinen Worten fühlte sie Ernst und Festigkeit. Doch ihre Unruhe nahm ständig zu. Sie schwand auch nicht mit der Zeit, sondern sie peinigte das Herz immer heftiger mit dem Vorgefühl von etwas Ungewöhnlichem. Mitunter war die Mutter unzufrieden mit ihrem Sohn, sie dachte: Die andern leben doch wie Menschen; er aber lebt wie ein Mönch ... schon gar zu streng ... Das paßt nicht zu seinen Jahren.

Manchmal dachte sie: Vielleicht hat er sich ein Mädchen angeschafft?

Aber das Herumlaufen mit Mädchen kostet Geld, und er lieferte ihr fast seinen ganzen Verdienst ab.

So vergingen Wochen, Monate, und unmerklich verstrichen zwei Jahre sonderbaren, schweigsamen Lebens voll verworrener Gedanken und stets zunehmender Ängste.

Eines Abends ließ Pawel nach dem Essen den Vorhang am Fenster herunter, setzte sich in die Ecke, hängte an der Wand über seinem Kopf die Blechlampe auf und begann zu lesen. Die Mutter räumte das Geschirr ab, und als sie aus der Küche zurückkam, trat sie behutsam auf ihn zu. Er hob den Kopf, blickte ihr fragend ins Gesicht.

»Nichts, Pascha!« sagte sie hastig und entfernte sich mit einem verlegenen Stirnrunzeln. Aber nachdem sie eine Minute lang regungslos mitten in der Küche nachdenklich und bekümmert dagestanden hatte, wusch sie sich die Hände und ging wieder zum Sohn hinein.

»Ich möchte dich fragen«, sagte sie leise, »was du da immer liest?«

Er schlug das Buch zu.

»Setz dich, Mama.«

Die Mutter ließ sich schwerfällig neben ihm nieder, straffte sich und wartete gespannt auf etwas Wichtiges.

Ohne sie anzusehen, erklärte Pawel halblaut mit seltsam strenger Stimme: »Ich lese verbotene Bücher. Sie sind deswegen verboten, weil sie die Wahrheit über unser Leben, das Leben der Arbeiter, sagen ... Sie werden in aller Stille, heimlich gedruckt, und wenn man sie bei mir findet, komme ich ins Gefängnis ... ins Gefängnis deshalb, weil ich die Wahrheit wissen will ... Hast du verstanden?«

Ihr wurde plötzlich das Atmen schwer. Mit weitgeöffneten Augen blickte sie den Sohn an, er erschien ihr fremd. Seine Stimme war anders, tiefer, kräftiger, klangvoller. Er zupfte mit den Fingern an seinem feinen, flaumigen Schnurrbart und blickte mit seltsam finsterem Ausdruck in die Ekke. Sie empfand Angst und Kummer um ihren Sohn.

»Warum tust du das, Pascha?« stieß sie hervor.

Er hob den Kopf, sah sie voll an und antwortete halblaut und ruhig: »Ich will die Wahrheit wissen.«

Seine Stimme klang leise, aber bestimmt, seine Augen glänzten trotzig. Sie begriff in ihrem Herzen, daß ihr Sohn sich für immer einer geheimnisvollen, schrecklichen Sache geweiht habe. Alles im Leben erschien ihr unvermeidlich, sie war gewohnt, sich unterzuordnen, ohne sich Gedanken zu machen, und so weinte sie jetzt nur still vor sich hin und fand in ihrem kummer- und gramerfüllten Herzen keine Worte.

»Weine nicht!« sagte Pawel zärtlich und leise; und es war ihr, als nähme er Abschied. »Denk einmal nach, welch ein Leben wir führen. Du bist vierzig Jahre alt – hast du überhaupt gelebt? Der Vater hat dich geschlagen ... ich verstehe jetzt, daß er an dir all seinen Kummer ausgelassen hat, den Kummer seines Lebens; der hat ihn bedrückt, aber er begriff nicht, woher das kam. Er hat dreißig Jahre gearbeitet; als er anfing zu arbeiten, war die Fabrik noch in zwei Gebäuden untergebracht, und jetzt sind es sieben!«

Sie hörte ihm furchtsam und begierig zu. Die Augen des Sohnes flammten schön und hell. Mit der Brust an den Tisch gelehnt und näher an sie herangerückt, hielt er in ihr tränenfeuchtes Gesicht hinein seine erste Rede über die Wahrheit, wie er sie begriffen hatte. Mit der ganzen Kraft der Jugend und mit der Glut eines Schülers, der stolz auf seine Kenntnisse und von heiligem Glauben an ihre Wahrheit erfüllt ist, sprach er über das, was ihm klargeworden war, und zwar sprach er weniger für seine Mutter, als um sich selbst zu überprüfen. Zuweilen, wenn er keine Worte fand, hielt er inne, und dann sah er ein bekümmertes Gesicht vor sich, in dem von Tränen verschleierte, gute Augen trübe glänzten. Sie blickten furchtsam und ohne Verständnis. Die Mutter tat ihm leid, darum sprach er wieder, nun aber über sie, über ihr Leben.

»Was für Freuden hast du gekannt?« fragte er. »Woran kannst du schon in deinem Leben zurückdenken?«

Sie hörte ihm zu und schüttelte traurig den Kopf; sie empfand etwas Neues, Unbekanntes, zugleich Leidvolles und Freudiges, das ihr wundes Herz weich umschmeichelte. Solche Reden über sich, über ihr Leben hörte sie zum erstenmal, und sie weckten in ihr längst versunkene, unklare Gedanken, entfachten erloschene Gefühle einer dunklen Unzufriedenheit mit dem Leben, Gedanken und Gefühle ihrer fernen Jugend. Sie hatte mit ihren Freundinnen über das Leben gesprochen, hatte lange über alles geredet, aber alle und auch sie selbst hatten nur geklagt, niemand hatte ihnen erklärt, warum das Leben so schwer und mühsam war. Jetzt aber saß ihr Sohn vor ihr, und was seine Augen, sein Gesicht und seine Worte sagten – das griff ihr ans Herz, erfüllte es mit Stolz auf den Sohn, der das Leben seiner Mutter richtig verstand, der zu ihr über ihre Leiden sprach und Mitleid mit ihr hatte.

Mit Müttern hat man kein Mitleid.

Das wußte sie. Alles, was der Sohn über das Leben der Frau sagte, war bittere, ihr wohlbekannte Wahrheit, und in ihrer Brust zitterte leise ein Gewirr von Gefühlen, die sie immer mehr mit einer ihr unbekannten Zärtlichkeit erwärmten.

»Was hast du denn vor?« fragte sie, ihn unterbrechend.

»Lernen und dann andere lehren. Wir Arbeiter müssen lernen. Wir müssen erkennen, müssen begreifen, warum unser Leben so schwer ist.«

Es beglückte sie zu sehen, wie seine stets ernsten und strengen blauen Augen jetzt weich und zärtlich leuchteten. Um ihre Lippen spielte ein zufriedenes, stilles Lächeln, obwohl in den Runzeln der Wangen noch Tränen zitterten. In ihr wogte ein zwiespältiges Gefühl des Stolzes auf ihren Sohn, der so klar den Jammer des Lebens sah, aber dabei konnte sie seine Jugend nicht vergessen und daß er nicht so sprach wie alle anderen; daß er entschlossen war, allein den Kampf gegen das allen und auch ihr zur Gewohnheit gewordene Leben aufzunehmen ... Sie wollte ihm sagen: Lieber, was kannst du ausrichten?

Aber sie wollte sich nicht der Freude berauben, sich am Anblick ihres Sohnes zu weiden, der ihr plötzlich so klug, wenn auch etwas fremd erschien.

Pawel sah das Lächeln auf den Lippen der Mutter, die Aufmerksamkeit in ihrem Gesicht, die Liebe in ihren Augen, es schien ihm, daß es ihm gelungen sei, ihr die Wahrheit seiner Erkenntnisse begreiflich zu machen, und jugendlicher Stolz auf die Kraft des Wortes bestärkte ihn in seinem Glauben an sich selbst. Von Erregung ergriffen, sprach er bald lächelnd, bald die Stirn runzelnd; mitunter klang Haß aus seiner Rede, und wenn die Mutter seine tönenden, harten Worte hörte, schüttelte sie erschreckt den Kopf und fragte den Sohn leise: »Ist das wirklich so, Pascha?«

»Ja!« erwiderte er fest und bestimmt. Und er erzählte ihr von Menschen, die, nach dem Wohl des Volkes strebend, die Wahrheit unter dem Volk verbreitet hätten und dafür von den Feinden des Lebens wie wilde Tiere eingefangen, ins Gefängnis geworfen und zur Zwangsarbeit in die Verbannung geschickt worden seien.

»Ich habe solche Leute gesehen!« rief er feurig. »Es sind die besten Menschen, die es auf der Welt gibt!«

Bei ihr dagegen erweckten diese Leute Furcht, und sie wollte erneut den Sohn fragen: Ist das wirklich so?

Aber sie konnte sich dazu nicht entschließen und lauschte mit stockendem Herzen den Berichten über die ihr unbegreiflichen Menschen, die ihren Sohn solch gefährliche Dinge reden und denken gelehrt hatten. Endlich sagte sie zu ihm: »Es wird bald hell ... Du solltest dich hinlegen und schlafen!«

»Ja, ich leg mich gleich hin«, willigte er ein. Und

dann beugte er sich zu ihr nieder und fragte: »Hast du mich verstanden?«

»Ja!« erwiderte sie seufzend. Tränen stürzten wieder aus ihren Augen, und aufschluchzend fügte sie hinzu: »Du rennst in dein Verderben.«

Er erhob sich, ging im Zimmer auf und ab und sagte dann: »Nun also, jetzt weißt du, was ich tue und wohin ich gehe, ich habe dir alles gesagt! Ich bitte dich, Mutter, wenn du mich liebhast, hindere mich nicht!«

»Mein Lieber!« rief sie. »Vielleicht wäre es besser für mich, wenn ich nichts wüßte!«

Er ergriff ihre Hand und nahm sie fest in die seinen.

Das so heiß und kraftvoll ausgesprochene Wort »Mutter« und dieser neue und sonderbare Händedruck erschütterten sie.

»Ich werde nichts tun!« sagte sie mit versagender Stimme. »Nur nimm dich in acht ... Nimm dich in acht!«

Da sie nicht wußte, wovor er sich in acht nehmen sollte, fügte sie traurig hinzu: »Du wirst immer magerer.«

Sie umfing seinen kräftigen schlanken Leib mit einem zärtlichen, warmen Blick und sagte hastig und leise: »Gott mit dir! Lebe, wie du willst, ich werde dich nicht stören. Nur um eins bitte ich dich – sprich nicht so furchtlos mit den Menschen! Man muß vor den Menschen auf der Hut sein – sie hassen sich alle gegenseitig, sie sind voll Gier, voll Neid. Alle haben Freude am Bösen. Sobald du anfängst, sie anzuklagen und zu richten, werden sie dich hassen und ins Verderben stürzen.«

Der Sohn hatte, in der Tür stehend, ihren bekümmerten Worten zugehört; als die Mutter nun schwieg, sagte er lächelnd: »Die Menschen sind schlecht, ja ... Seitdem ich aber erkannt habe, daß es eine Wahrheit in der Welt gibt, sind die Menschen besser geworden!«

Er lächelte wieder und fuhr fort: »Ich begreife selbst nicht, wie das gekommen ist! Von klein auf habe ich alle gefürchtet; als ich heranwuchs, begann ich sie zu hassen, die einen wegen ihrer Gemeinheit, die anderen – ich weiß nicht weshalb – einfach so. Jetzt aber sehe ich alle anders, vielleicht, weil sie mir leid tun. Ich kann es mir nicht erklären, aber mein Herz ist weicher geworden, seit ich erkannt habe, daß nicht alle an ihrem Schmutz selbst schuld sind!«

Er verstummte, als horchte er in sich hinein, dann sagte er halblaut und nachdenklich: »So wirkt die Wahrheit!«

Sie blickte ihn an und meinte leise: »Du hast dich gefährlich verändert – ach Gott!«

Als er sich niedergelegt hatte und eingeschlafen war, stand die Mutter behutsam von ihrem Bett auf und trat leise zu ihm hin. Pawel lag auf dem Rükken, und von dem weißen Kissen hob sich sein gebräuntes, trotziges und strenges Gesicht deutlich ab. Die Hände gegen die Brust gepreßt, stand die Mutter barfuß, nur im Hemd, an seinem Bett, ihre Lippen bewegten sich lautlos, und aus ihren Augen flossen langsam und gleichmäßig, eine nach der andern, große trübe Tränen.

Und wieder lebten sie schweigend dahin, einander fern und doch nah.

Christine Nöstlinger
Mütter wollen gebraucht werden

Mütter und kinderlose Frauen können natürlich innig miteinander befreundet sein, sich prächtig verstehen und bei allen möglichen Problemen gleicher Meinung sein, aber wenn es um »die Kinder« geht, dann treten doch oft enorme Unstimmigkeiten zwischen ihnen auf.

Sagt da – zum Beispiel – die Kinderlose: »Ja siehst du denn nicht, daß sie dich nur ausnutzen?«

Die Mutter schüttelt den Kopf, ganz energisch, ganz empört. Ihre Kinder? Ausnutzen? Einfach lächerlich!

»Na hör einmal«, sagt die Kinderlose. »Ich sehe ja ein, daß man für kleine Kinder immer parat sein muß! Aber die deinen sind ja erwachsen! In ihrem Alter waren wir schon total selbständig!«

»Meine Kinder sind total selbständig«, sagt die Mutter.

Die Kinderlose lacht hämisch und fährt fort: »Also wann bitte, kommen sie zu dir? Sie kommen, wenn sie Lust auf ein schönes Essen haben, sie kommen, wenn ihnen das Geld ausgegangen ist, sie kommen, wenn sie Trost und Zuspruch brauchen.

Wenn sie keine Lust haben, den Pullover fertigzustricken, dann bringen sie ihn dir!

Wenn sie eine Party machen, dann holen sie dich zum Gulaschkochen!

Sie kommen immer nur, wenn sie etwas brauchen!

Wenn es ihnen gut geht, wenn sie nichts brauchen, dann sehe ich sie nie bei dir!«

Die Mutter schaut verwirrt und ratlos. Um Himmels willen, denkt sie, was stellt sich die Gute eigentlich vor?

Der Gedanke, ihre Kinder könnten zu jemand anderem gehen, wenn sie ein »schönes Essen« haben wollen, stört die Mutter.

Die Vorstellung, ihre Kinder könnten sich von jemand anderem trösten und Geld geben lassen, ist ihr eine schreckliche.

Und daß irgendwer – außer ihr selbst – für die Tochter Gulasch kocht und aus einem halben mißglückten Pullover einen ganzen gelungenen macht, kommt der Mutter einfach absurd vor.

Eine echte Horrorvision ist es, wenn sich die Mutter vorstellt, ihre Kinder kämen einfach bloß zu Besuch, säßen friedlich bei ihr herum und brauchten rein gar nichts von ihr.

Aber einer kinderlosen Freundin kann man das nicht erklären.

Mehr als »du bist ja verrückt« wäre da an Verständnis nicht zu erwarten.

Mark Twain
Wer betet für Satan?

Als meine Mutter im Oktober 1890 starb, war sie gute achtundachtzig Jahre alt, ein erstaunliches Alter und ein harter Kampf ums Überleben für eine Frau, die mit vierzig so anfällig war, daß man sie für hoffnungslos invalid hielt und mit ihrem baldigen Ableben rechnete. In den ersten fünfundzwanzig Jahren meines Lebens stand sie mir sehr nahe, danach aber sah ich sie nur selten, da wir viele Tagereisen voneinander entfernt lebten. Ich habe nicht vor, über sie zu schreiben, sondern nur, über sie zu plaudern, nicht, ihre Lebensgeschichte zu erzählen, sondern sozusagen kennzeichnende Episoden daraus wiederzugeben und ihr Wesen kurz zu beleuchten, anstatt ihre »Laufbahn« zu verfolgen. Sie hatte keine Laufbahn im wörtlichen Sinn, aber sie hatte Charakter, und zwar einen guten, ungewöhnlichen und liebenswerten.

Was wird aus den unzähligen Photographien, die man im Geist von bestimmten Menschen aufnimmt? Von den Millionen Bildern, die meine innere Kamera von dieser ersten und engsten Freundin gemacht haben muß, ist nur eines nicht vergilbt, und das trägt ein altes Datum. Es stammt aus der Zeit vor siebenundvierzig Jahren, als sie vierzig und ich acht Jahre alt war. Sie hielt mich bei der Hand, wir knieten am Bett meines Bruders, der, zwei Jahre älter als ich, gestorben war. Die Tränen liefen ihr über die Wangen, und sie wischte sie nicht ab. Sie stöhnte. Dieser sprachlose Schmerz muß für mich etwas Neues gewesen sein, denn er beeindruckte mich so tief, daß er mir noch heute ebenso gegenwärtig ist wie ihr Bild, zu dessen Deutlichkeit und Unverlierbarkeit er beitrug.

Sie hatte einen schmalen, kleinen Körper, aber ein großes Herz – so groß, daß Kummer und Freude eines jeden darin Aufnahme und Heimstätte fanden. Den größten Unterschied zwischen ihr und den anderen Menschen, die ich gekannt habe, sehe ich darin, daß diese anderen stets nur an wenigen Dingen wirklich interessiert waren, während sie bis zum Tag ihres Todes ein tiefes Interesse für die ganze Welt, für alles und für jeden in ihr empfand. Ihr Leben lang war ihr Lauheit gegenüber Ereignissen und Menschen ebenso fremd wie jene Teilnahme, die irgendwo einen Strich zieht, bestimmte Dinge übersieht und bestimmten Menschen gegenüber indifferent bleibt. Der Kranke, der allem und jedem außer sich selbst ein lebhaftes, nie erlahmendes Interesse entgegenbringt, und dem Langeweile unbekannt, ja unmöglich ist, wird selbst zum schlimmsten Widersacher der Krankheit und läßt sich nur schwer von ihr besiegen. Ich bin gewiß, daß es diese Charaktereigenschaft meiner Mutter war, die sie nahezu neunzig werden ließ.

Ihr Interesse an Menschen und anderem Getier war warm, persönlich und freundlich. Immer fand sie etwas zu verzeihen und gewöhnlich auch etwas zu lieben, sogar an den unangenehmsten Leuten – und wenn sie selbst es erst erfinden mußte. Sie war der geborene Bundesgenosse und Freund der Freundlosen. Man glaubte, daß sie, die Presbyterianerin, dazu gebracht werden könnte, sogar für den Teufel ein gutes Wort einzulegen, und man machte das Experiment. Ein fürchterliches Schimpfen auf den Satan hob an; ein Verschworener nach dem anderen fand bittere Worte, böse Vorwürfe und mitleidlose Kritik, bis schließlich das ahnungslose Opfer dieses Streiches erwartungsgemäß in die Falle ging. Meine Mutter gab zu, daß der Teufel tatsächlich so durch und durch böse und verworfen sei, wie die anderen gesagt hatten; aber wollte etwa jemand behaupten, daß er gerecht behandelt worden sei? Ein Sünder war nur ein Sünder, und Satan war einer wie alle anderen auch. Wodurch werden diese anderen gerettet? Nur durch ihre eigenen Bemühungen? Nein – oder es würde überhaupt niemand gerettet. Ihren schwachen Anstrengungen tritt die mächtige Kraft der ergreifenden, bittenden, flehenden Gebete zur Seite, die täglich aus allen Kirchen der Christenheit dringen, aus unzähligen mitleidigen Herzen. Aber wer betet für Satan? Wer hat, in achtzehn Jahrhunderten, die selbstverständliche Menschlichkeit besessen, für den Sünder zu beten, der es am nötigsten hatte, für unseren Gefährten und Bruder, der mehr als jeder andere einen Freund brauchte und doch keinen einzigen besaß, den Sünder unter uns, der das höchste und eindeutigste Recht auf die täglichen und nächtlichen Gebete jedes Christen hatte, aus dem einfachen, unanfechtbaren Grund, weil seine Not die erste und größte, und weil er unter den Sündern der höchste war?

Diese Freundin des Satans hatte einen sehr gütigen Charakter und sprach von Natur aus mit einem ungekünstelten, ihr selbst nicht bewußten Pathos. Wurde jemand, der wehrlos war – ob Mensch, ob Tier –, verletzt oder schändlich behandelt, so war sie in ihrem Mitleid oder ihrem Ärger die beredsamste Person, die ich je gekannt habe. Selten war diese Beredsamkeit feurig oder leidenschaftlich, meist war sie sanft, mitleidsvoll, drängend und flehend, verriet soviel natürliche Würde und wirkte so rührend, daß ich oft erlebt habe, wie sie sich die widerstrebend gezollte, wunderbare Zustimmung errang, die sich in Tränen ausdrückt. Immer wenn irgend jemand unterdrückt wurde, drängte diese kleine Frau ihre natürliche Furcht zurück, und dann kamen ihre soldatischen Qualitäten zum Vorschein. In unserem Dorf sah ich eines Tages, wie ein Korse, ein gemeiner Teufel, der Schrecken des Ortes, seine erwachsene Tochter an einigen recht zurückhaltenden Bürgern männlichen Geschlechts vorbeijagte, einen starken Strick in der Hand, den er, wie er verkündete, an ihr kaputtschlagen wollte. Meine Mutter öffnete ihre Tür weit, ließ die Fliehende ein, aber anstatt hinter ihr zuzuschließen, blieb sie in der Tür stehen und versperrte dem Mann mit ausgestreckten Armen den Weg. Er schimpfte, fluchte und bedrohte sie mit dem Strick. Sie aber schrak nicht zurück und zeigte nicht die mindeste Angst. Aufrecht stand sie da, züchtigte, beschämte, verhöhnte ihn und bot ihm die Stirn mit Worten, die man nicht bis zur Mitte der Straße hören konnte, die aber das Gewissen des Mannes und seine verschüttete Menschlichkeit erreichten. Er bat sie um Verzeihung, gab ihr den Strick und sagte mit einem ungeheuren, gotteslästerlichen Fluch, daß sie die tapferste Frau sei, die er je gesehen habe. Dann ging er ohne ein weiteres Wort seines Wegs und ließ sie in Ruhe. Danach waren die beiden stets gut Freund, denn in ihr hatte er gefunden, was er schon lange nötig hatte – jemanden, der sich nicht vor ihm fürchtete.

In St. Louis erregte sie eines Tages auf der Straße das große Erstaunen eines stämmigen Kutschers, der gerade sein Pferd mit dem unteren Ende seines dicken Peitschenstiels auf den Kopf schlug: sie nahm ihm die Peitsche weg und bat dann so flehentlich für das Pferd, das ihn unwissentlich beleidigt habe, daß er sich bemüßigt fühlte, die Schuld auf sich zu nehmen, und außerdem freiwillig ein Versprechen gab, das er natürlich nicht halten konnte, weil er einfach nicht so gebaut war – das Versprechen, niemals wieder ein Pferd zu mißhandeln.

Gegen Tierquälerei schritt sie zeit ihres Lebens ein. Die Art und Weise, in der sie es tat, kann nicht verletzend gewirkt haben, und ihre gute Absicht muß offensichtlich gewesen sein, denn sie setzte sich immer durch und war außerdem der Höflichkeit, oft sogar der freundlichen Zustimmung des Gegners sicher. Die ganze stumme Kreatur fand einen Freund in ihr. An irgendeinem unmerklichen Zeichen erkannten heimatlose, gejagte und jämmerlich mitgenommene Katzen in ihr eine natürliche Zuflucht und folgten ihr nach Hause. Ihr Instinkt trog sie nicht, sie wurden aufgenommen wie verlorene Söhne. Im Jahr 1845 hatten wir einmal neunzehn Katzen. Und nicht eine besaß Charakter, nicht eine hatte irgendeinen Vorzug, ausgenommen das billige Verdienst, bedauernswert zu sein. Für uns alle, auch für meine Mutter, waren sie eine arge Last, aber sie waren unglücklich, und das genügte. Sie mußten dableiben. Aber immerhin, besser sie, als überhaupt keine Haustiere. Kinder müssen Tiere haben, und im Käfig durften wir keine halten. Ein eingesperrtes Tier kam nicht in Frage – meine Mutter hätte nicht mal erlaubt, eine Ratte ihrer Freiheit zu berauben.

In dem kleinen Ort Hannibal/Missouri war in meiner Jugend jedermann arm, ohne es zu wissen. Und jeder fühlte sich wohl und wußte es. Es gab Gesellschaftsunterschiede – Leute aus guter Familie, Leute aus nicht näher zu beschreibender Familie und Leute aus überhaupt keiner Familie. Jeder kannte jeden und war freundlich zu allen, keiner tat vornehm. Und doch waren die Klassen deutlich voneinander getrennt, und das gesellschaftliche Leben spielte sich nur im Rahmen der jeweiligen Klasse ab. Es war eine kleine Demokratie, voller Freiheit, Gleichheit und Vierter Juli, und das alles war wirklich ernst gemeint. Und doch konnte man einen Anflug von Aristokratie spüren. Er war da, und niemand nahm daran Anstoß oder fand Zeit, darüber nachzudenken, daß darin ein Widerspruch lag.

Ich glaube, der Hauptgrund dafür war, daß die Einwohner aus den sklavenhaltenden Staaten gekommen waren und die Sklaven mit in ihre neue Heimat gebracht hatten. Meine Mutter mit ihrem großen Herzen und ihrer Freizügigkeit in Gefühlsdingen war bestimmt nicht zur Aristokratin geboren, aber ihre Erziehung hatte sie dazu gemacht. Wahrscheinlich haben das nur wenige Menschen gewußt, denn ich glaube, sie war es mehr aus Instinkt als aus Überzeugung. Daher ließ sie es nach außen hin nur zufällig, niemals absichtlich und auch nicht sehr oft merken. Aber ich kannte diesen schwachen Punkt. Ich wußte, daß sie insgeheim stolz darauf war, daß die Lamptons – jetzt Grafen von Durham – neunhundert Jahre lang auf ihrem Stammland gelebt hatten, Feudalherren auf Schloß Lampton gewesen waren und die Ehre gehabt hatten, bereits ihre Vorfahren zu sein, als die normannischen Eroberer ankamen, um die Engländer abzulenken. Vorsichtig und mit beschwichtigenden Umschreibungen (denn auf geweihtem Boden soll man sich zusammennehmen und keine Kapriolen schlagen) hielt ich ihr entgegen, daß es kein besonderes Verdienst sei, mit der freundlichen Hilfe eines unveräußerlichen Besitzrechts ein Stück Land neunhundert Jahre lang zu halten; jeder, ob klug oder nicht, sei dazu imstande, und daher könne man sich einzig und allein auf das Besitzrecht etwas einbilden. Folglich stamme sie lediglich von einem Besitzrecht ab, und genauso gut könnte sie stolz darauf sein, von einer Hypothek abzustammen. Meine Ahnen dagegen seien etwas ganz anderes und den ihren überlegen, denn zu ihnen gehörte einer – ein Clemens –, der etwas *getan* hatte, etwas, das ihm Ehre machte und mich befriedigte: er gehörte zu dem Gerichtshof, der gegen Karl I. verhandelt und ihn dem Henker ausgeliefert hatte.

Das klang wie Neckerei, war es im Grund aber nicht. Ich hatte echten Respekt vor diesem Vorfahren, und im Lauf der Jahre war dieser Respekt nicht geringer, sondern größer geworden. Er tat, was er konnte, um die Liste der gekrönten Scharlatane seiner Zeit zu vermindern. Zur Ehre meiner Mutter kann ich sagen, daß ich sie ihre glänzenden Ahnen niemals in Gegenwart von Leuten, die keine Familienmitglieder waren, erwähnen hörte; sie war eben eine vernünftige Amerikanerin. Mit anderen Lamptons, die ich kannte, war das nicht so. »Colonel Sellers« war ein Lampton und ein ziemlich naher Verwandter meiner Mutter. Als er noch lebte, der arme, alte, stolze Kerl, war das erste, was ein Fremder gewöhnlich zu hören bekam, irgendein Hinweis auf den »Begründer unserer Linie«, mit mühsamer Zwanglosigkeit geäußert, die als künstlerische Leistung unter aller Kritik war. Das forderte natürlich Fragen heraus und war auch so gemeint. Darauf folgte die ganze fürchterliche Geschichte vom Erben der Lamptons, der vor hundertundfünfzig Jahren oder so, angewidert vom albernen Schwindel des erblichen Adels, in dieses Land kam, heiratete, sich in der einsamen Wildnis von der Welt abschloß und Ahnen künftiger amerikanischer Titelanwärter hervorbrachte, während er zu Hause in England als tot galt, und die Besitzungen an seinen jüngeren Bruder fielen, den unrechtmäßigen Erben, der persönlich schuld daran war, daß die heutigen Erben widersinnigerweise den Titel trugen. Der Colonel sprach stets in betont vornehmer Ehrerbietung vom gegenwärtigen Titelanwärter – seinem Vetter zweiten Grades – und nannte ihn in vollem Ernst »der Graf«.

»Der Graf« war ein fähiger Kopf und hätte es sicher zu etwas gebracht, wenn nicht dieses Unheil über seiner Geburt gewaltet hätte. Er war aus Kentucky, ein Mensch mit den besten Absichten, aber er hatte kein Geld und auch keine Zeit, sich welches zu verdienen. Denn er war ständig damit beschäftigt, mich und andere Stammesgenossen dazuzubringen, ihm das Kapital zu geben, mit dem er seinen Titelanspruch im englischen Oberhaus durchsetzen wollte. Er hatte alle Dokumente, alle Beweise, und er wußte, daß er gewinnen konnte. Und so verträumte er sein Leben, immer in Armut, manchmal sogar in äußerster Not. Schließlich starb er fern der Heimat und wurde vom Hospital aus von Fremden begraben, die nicht wußten, daß er ein Graf war, denn so sah er nicht aus. Der arme Kerl unterschrieb seine Briefe stets mit »Durham« und warf mir darin vor, daß ich die Republikaner wählte, was er für unaristokratisch und darum der Lamptons nicht würdig hielt. Gleich danach kam meist ein Brief von irgendeinem hitzigen Virginier aus dem anderen Familienzweig, der mich ebenfalls bitterlich beschimpfte, allerdings mit der Begründung, die Republikaner seien eine aristokratische Partei, und es stünde dem Nachfahren eines Königsmörders schlecht an, sich mit diesen Kreaturen einzulassen. So habe ich mir oft fast gewünscht, ich hätte überhaupt keine Ahnen gehabt – mit meinen hatte ich soviel Ärger.

Wie ich schon sagte, wohnten wir in einem Ort, in dem es Sklaven gab. Als die Sklaverei aufgehoben wurde, war meine Mutter seit sechzig Jahren daran gewöhnt. Ich glaube, daß sie bei aller Güte und allem Mitgefühl nicht wußte, daß die Sklaverei eine unverhüllte, groteske und unverantwortliche Anmaßung war. Sie hatte sie niemals von der Kanzel herab verdammen, tausendmal aber verteidigen und sanktionieren gehört. Ihr waren die Bibelstellen vertraut, die sich dafür aussprachen, falls es aber welche gab, die sich dagegen wandten, hatten ihre Pfarrer sie nie zitiert. Sie wußte nichts anderes, als daß die Weisen, Guten und Heiligen samt und sonders davon überzeugt gewesen waren, die Sklaverei sei richtig, gerecht und geheiligt, erfreue sich des besonderen Wohlwollens Gottes und sei eine Einrichtung, für die der Sklave selbst tagaus, tagein dankbar sein müsse. Offenbar können Erziehung und Umwelt seltsame Wunder wirken. In der Regel hielten unsere Sklaven ihr Los für rechtens und waren damit zufrieden. Zweifellos trifft dasselbe auf die intelligenteren Sklaven in einer Monarchie zu; sie verehren und akzeptieren ihre Herren, den Monarchen und den Adel, und sie empfinden es nicht als Erniedrigung, Sklaven zu sein (wobei sie dieses Wort natürlich nicht verwenden) und weniger Respekt zu verdienen als unsere Schwarzen; denn es steht außer Zweifel, daß einer, der mit eigener Zustimmung zum Sklaven geworden ist, mehr Verachtung verdient als einer, den man dazu gezwungen hat.

Allerdings war die Sklaverei in der Gegend von Hannibal nicht geeignet, unsere schlummernden humanitären Instinkte zu wecken. Im Unterschied zu der brutalen Sklaverei auf den Plantagen war sie milde, sozusagen eine familiäre Angelegenheit. Grausamkeiten waren nicht nur selten, sondern vernünftigerweise auch äußerst unpopulär. Eine Sklavenfamilie getrennt zu verkaufen, war etwas, das die Leute nicht sonderlich gern taten; daher geschah es auch nicht oft, es sei denn, daß Besitzregelungen es erforderten. Ich kann mich an keine einzige Sklavenversteigerung in Hannibal entsinnen, habe aber den Verdacht, daß ich es deshalb vergessen habe, weil es ein so alltägliches Ereignis war, daß es uns gar nicht beeindruckte. Sehr genau erinnere ich mich, einmal ein Dutzend schwarzer Männer und Frauen gesehen zu haben, die aneinandergekettet auf der Straße lagen und in den Süden auf den Sklavenmarkt transportiert werden sollten. Traurigere Gesichter sind mir nie begegnet. Sklaven in Ketten sah man bei uns bestimmt nicht oft, sonst hätte mich diese Szene nicht so tief und nachhaltig beeindruckt.

Der »Niggerhändler« wurde von allen verabscheut. Er galt als eine Art Teufel in Menschengestalt, der arme hilflose Geschöpfe kaufte und sie in die Hölle beförderte, denn bei uns hielten Weiße und Schwarze die Plantagen im Süden für die Hölle. Ein besseres Wort gab es dafür nicht. Ging ein unverbesserlicher Sklave nicht in sich, wenn man ihm drohte, ihn »den Fluß hinunter« zu verkaufen, dann war er ein hoffnungsloser Fall. Und doch erinnere ich mich, daß einmal, als ein Weißer wegen einer Nichtigkeit einen Neger getötet hatte, jedermann gleichgültig blieb, soweit es den Sklaven betraf, daß man aber dessen Besitzer bedauerte, weil er wertvolles Eigentum durch einen nichtsnutzigen Menschen eingebüßt hatte, der nicht dafür bezahlen konnte.

Man glaubt allgemein, daß Menschen, die ständig von Sklaverei umgeben sind, unweigerlich hartherzig werden müßten. Im großen und ganzen halte ich das nicht für richtig. Ich glaube, daß die Sklaverei die menschlichen Gefühle gegenüber dem Sklaven betäubt, daß ihre Wirkung aber nicht weiter reicht. In unserem Ort gab es keine hartherzigen Leute, zum mindesten nicht mehr als in jedem anderen gleichgroßen Ort irgendwo auf der Welt; und meiner Erfahrung nach sind hartherzige Menschen überall selten.

Hans Werner Richter
Der Hecht

Der Berg an der Nordseite des großen Krebssees hieß »der Brogeberg«. Er war etwa zwanzig Meter hoch und fiel steil zum Ufer des Sees hin ab. Ein paar Erlen standen auf seiner Kuppe. Dahinter lagen Wiesen, Kornfelder und Kartoffeläcker. Dann begann wieder der Buchen- und Kiefernwald, der sich bis zur Steilküste am Meer hinzog.

Der Berg hatte seinen Namen aus dem Wendischen. Hier, unterhalb des Berges am Ufer des Sees, hatten die Wenden ihren Flachs gebrochen. Aus dem Brakeberg war im Laufe der Jahrhunderte und immer neuer Besiedlungen der Brogeberg geworden. Die Stelle am Ufer war sandig und moorfrei, eine Schneise im dichten Rohr, das den ganzen See umzog.

Hier sah mein Vater den Hecht, der ihm größer erschien als alle, die er bis dahin gestohlen hatte. Der Hecht stand dicht an der Schneise, aber noch im Rohr, und bewegte sich nicht. Er schlief unter der dünnen Eisdecke seinen Winterschlaf.

Es war früh am Morgen. Die Sonne war noch nicht voll aufgegangen. Sie stand noch unterhalb des Horizonts, aber sie gab schon genügend Helligkeit, um meinen Vater alles erkennen zu lassen, was unter der dünnen Eisdecke war. Der klare Frost hatte erst am Tag zuvor eingesetzt und den See nur notdürftig einfrieren lassen. Die Eisdecke war spiegelklar, sehr glatt und kalt. Mein Vater kroch in dem hohen Rohr auf den Knien herum, die Nase fast auf dem Eis. Er zog einen Sack hinter sich her, in dem er einen Fünfzack, Baußel genannt, ein Beil und einen Knüppel hatte. Die Baußel diente zum Abstechen des Hechts und mit dem Knüppel mußte er den Hecht dröhnen, bevor er mit dem Beil über dem Kreuz des Hechts ein Loch schlagen konnte, um die Baußel anzusetzen. Der schlafende Hecht wurde dann durch das Dröhnen für wenige Minuten bewußtlos, und es kam darauf an, so schnell zu arbeiten, daß er nicht mehr zur Besinnung kommen konnte. Ein davonschießender Hecht war eine Niederlage.

Mein Vater kroch auf dem Eis Zentimeter für Zentimeter voran, schob vorsichtig die hohen Rohrhalme beiseite, um eventuell schlafende Hechte nicht zu erschrecken. Wenn er etwas zu sehen glaubte, ließ er den Sack los, legte beide Hände aufs Eis und vor seine Augen und starrte in das Wasser hinunter. Er war sich sicher, einen Hecht zu baußeln.

Das Wetter war vorzüglich. Der zunehmende Mond hatte mit einem leichten Ostwind das klare Frostwetter gebracht. Mein Vater hatte schon am Tage zuvor beschlossen, es an diesem Morgen wieder einmal zu versuchen. Die Fischräuberleidenschaft saß ihm im Blut. Schon um vier Uhr war er leise aus dem Ehebett gekrochen, um seine Frau nicht munter zu machen. Sie war gegen das Fischräubern und befürchtete immer hohe Gefängnisstrafen. Mit Baußel, Knüppel, Beil und Sack hatte er sich auf den Weg zu dem See gemacht. Er war durch die Wälder gegangen im schnellen Spaziergänger- oder Marschschritt, um zur rechten Zeit am See zu sein, kurz bevor die Sonne voll aufging. Unter den Erlen auf dem Brogeberg hatte er für ein paar Minuten gewartet, um sich zu vergewissern, daß niemand auf und am See war. Jenseits des Sees, etwa fünfhundert Meter entfernt, lag das Forsthaus. Es lag im Wald, zwischen zwei Seen. Nur der Giebel des Hauses war für meinen Vater sichtbar. Der Förster hatte die polizeiliche Oberaufsicht über sämtliche Seen seines Reviers. Er hieß Jäde, und der Ruf »Jäde kommt« war bei allen Bewohnern der umliegenden Dörfer gefürchtet. Fischräuber schlug er mit einem Knüppel oder mit dem Kolben seiner Flinte. Er arretierte sie oder schoß ihnen in die Beine, wenn sie davonliefen. Er war älter als mein Vater, aber größer, breiter, ein preußischer Förster, der, wenn es not tat, auch Haussuchungen vornahm. Für seine polizeilichen Befugnisse gab es keine Grenze. Alle Tagelöhner, Maurer, Handlanger, Fischer sprach er mit »Du« an. Er nannte sie Willem, Richard, Fritz oder sonst wie.

Nur wenn er einen von ihnen beim Holzstehlen oder Fischräubern antraf, nannte er sie Labahn, Kollow, Knuth oder wie sie mit ihrem Nachnamen hießen. Dann sprach er Platt mit ihnen.

»So, jetzt hev ick di, Kollow. Jetzt ab tau Vater Philipp. Unter vier Wochen geht das für Sie nicht ab.«

Vater Philipp hieß das Gefängnis in der Kreisstadt, dem kaiserlichen Kriegshafen Swinemünde. Dort wurde vor dem Amtsgericht mit den Holzdieben und Fischräubern kurzer Prozeß gemacht. Eine halbstündige Verhandlung genügte. Es gab zwei, drei, vier Wochen Gefängnis für ein Delikt dieser Art, und im Wiederholungsfall auch ein paar Monate. Der Förster behielt immer recht, und die Angeklagten, die oft nur Platt sprachen und sich keinen Verteidiger leisten konnten, kamen nur selten mit einem Freispruch davon. Nur die großen Lügner überlisteten Amtsrichter und Förster. Zu ihnen glaubte auch mein Vater zu gehören.

An diesem Morgen war mein Vater ganz ohne Sorgen. Der Förster mußte im Jagen achtzehn sein, ein Waldstück, das weit von dem See entfernt lag. Dort wollte er nach dem Rechten sehen und Holz bestimmen, das gefällt werden sollte. Ein befreundeter Holzfäller hatte es meinem Vater mitgeteilt.

»Morgen is dei Luft rein, Richard.«

So kroch mein Vater auf dem dünnen Eis herum, und die einzige Angst, die er hatte, war die vor dem Brechen des Eises. Er konnte nicht schwimmen. Aber auch bei geringer Wassertiefe machte ein Einbruch zu viel Lärm, um nicht von anderen gehört zu werden. Als er den großen Hecht sah, vergaß er jede Vorsicht. Es war wieder einmal der größte Hecht, den er je gesehen hatte, ein Kalb von einem Hecht. Mein Vater nahm den Knüppel, die Baußel, das Beil aus dem Sack und legte alles leise neben sich. Noch einmal starrte er durch das dünne Eis, um sich zu vergewissern, ob der Hecht auch still stand. Er drückte dabei seine Nase so eng auf die Eisfläche, daß sie leicht anfror. Der Hecht stand regungslos. Mein Vater begann vor Freude und Eifer zu lachen. Er lachte leise vor sich hin. Dann nahm er den Knüppel und schlug genau dort auf das Eis, wo der Kopf des Hechtes stand. Der Schlag dröhnte nicht nur im Kopf des Hechtes, er dröhnte auch in der dünnen Eisfläche mit einem von meinem Vater weglaufenden knarrenden, hallenden Geräusch fort. Das Geräusch lief durch das hohe Rohr, und für einen Augenblick kam es meinem Vater vor, als bräche der ganze See zusammen. Aber er hatte keine Zeit, darüber nachzudenken. Er hackte mit seinem Beil das Eis auf, arbeitete schnell und jetzt schon schwitzend und vergrößerte das Loch so, daß die Baußel den Rücken des Hechtes treffen mußte. Der Hecht war betäubt. Mein Vater sah es, nahm die Baußel, zielte und traf den Hecht in den Rücken. Wieder lachte mein Vater.

»So, jetzt hev ick di.«

Der erwachende Hecht versuchte vergeblich, von der Baußel loszukommen. Wasser quirlte durch das Eisloch und bespritzte die Knie meines Vaters. Aber mein Vater gab nicht nach. Er hielt mit der einen Hand den Stiel der Baußel fest, nahm mit der anderen das Beil und vergrößerte das Loch, um den Hecht herauszuziehen. Dann legte er das Beil beiseite, ergriff mit beiden Händen den Stiel der Baußel, zog und hob so lange, bis der sich wehrende Hecht aus dem Eisloch herauskam. Es war ein großer Hecht, aber bevor mein Vater ihn genauer betrachten konnte, hörte er jemanden rufen.

»He, wat ist denn dor los?«

Es war die Stimme des Försters. Mein Vater kannte sie. Er hatte sie oft genug beim Holzfällen gehört, an dem er im Winter, wenn es nichts anderes zu tun gab, als Aushilfsarbeiter teilnahm. Es war eine Stimme, die jeder seit vielen Jahren kannte. Der Ruf »Jäde kommt« hallte auch im Kopf meines Vaters wider. Er flüsterte »Jäde, verdammt dei Jäde«, bückte sich, versuchte sich im hohen Rohr zu verbergen, wußte aber zugleich, daß ihm nur das Davonlaufen übrigblieb.

Mein Vater handelte schnell. Er stieß Baußel, Beil, Knüppel und Sack in das Eisloch, ergriff den noch lebenden und um sich schlagenden Hecht, schob ihn unter die Joppe, legte den linken Arm darauf, drückte den nassen Hecht fest an seinen Leib und sprang mit ein paar Sätzen vom Eis herunter. Hinter ihm barst, splitterte und krachte das Eis. Er erreichte das Ufer unterhalb des Brogebergs, lief nicht den Berg hinauf, sondern um ihn herum, rannte über Kartoffeläcker, über Stoppelfelder und kam in den hohen Buchen- und Kiefernwald, bevor Jäde ihn einholen konnte. Der Förster lief etwa hundert oder zweihundert Meter hinter ihm her, und so rannten sie beide auf den sandigen Waldwegen dahin, mein Vater mit seinem Hecht unter dem Arm und Jäde mit seiner Flinte. Der Förster rief immer wieder: »Halt« und dann »Stehenbleiben, oder ich schieße.« Mein Vater sah sich nicht um. Er wollte nicht erkannt werden, und solange Jäde nicht sein Gesicht sah, konnte er nichts behaupten. Auf die immer wiederholte Aufforderung des Försters stehenzubleiben, flüsterte mein Vater nur: »Leck mi am Mors.«

Er lief weiter, so schnell es seine Kavalleristen-, Handlanger- und Fischerbeine zuließen. Sie trugen ihn schnell durch den Wald, mit einem ständig sich vergrößernden Abstand zu dem Förster, dessen Beine nicht so viel hergaben. Nur der Hecht bereitete meinem Vater Schwierigkeiten. Er war glitschig und naß, wehrte sich noch immer und versuchte, aus der Armumschlingung herauszukommen. Sein Schwanz sah unter der Joppe hervor, wippte auf und ab und schlug hin und her.

»Dömliches Biest«, flüsterte mein Vater.

Aber er ließ den Hecht nicht fallen, gab ihn nicht auf, um Jäde eine Freude zu machen. Der Hecht war ihm wichtiger als der Förster und als alle Strafen, die er nach sich ziehen konnte.

Mein Vater erreichte den Hof, auf dem die beiden kleinen Häuser standen, die meine Mutter sich erspart und von ihrem Waschgeld erbaut hatte. Sie selbst schlief im Hinterhaus, das nur aus drei Zimmern und einem Boden bestand. Mein Vater riß die Haustür auf, rannte durch die Küche in das nächste Zimmer, eine Art Wohnzimmer, und riß auch die zweite Tür auf, hinter der sich das Eheschlafzimmer befand. Meine Mutter lag noch im Bett. Sie erwachte und fuhr auf, als mein Vater zur Tür hereingestürzt kam. Er hatte den Hecht jetzt nicht mehr unter der Joppe, sondern mit einem Griff in den Kiemen in der rechten Hand. Meine Mutter schrie auf.

»Richard, wo kümmst du denn her?«

Sie sah den Hecht, der mit dem Schwanz den Fußboden berührte, und wußte zugleich, daß etwas geschehen war.

»Dei Förster«, sagte mein Vater.

»Wat is mit den'n Förster?«

»Hei kümmt.«

»Doch nich hierher?«

»Hierher.«

Ohne meine Mutter zu fragen, riß er ihre Bettdecke hoch und warf den Hecht zu ihr ins Bett. Der Hecht glitt unter das hochgeschobene Nachthemd meiner Mutter und blieb genau dort liegen, von wo aus alle ihre Kinder das Licht der Welt erblickt hatten oder noch erblicken sollten. Meine Mutter wagte angesichts der bedrohlichen Situation nicht zu widersprechen. Sie sagte nur: »Richard, was machst du denn?«

»Jetzt geht's ums Ganze«, sagte mein Vater.

Er zog ihr die Bettdecke bis zum Hals hinauf und warf noch einen Blick auf den Bettrand, auf das herunterhängende Laken. Der Hecht hatte keine Spuren hinterlassen, die ihn verraten konnten. Mein Vater verließ das Zimmer und befand sich in der offenen Schlafzimmertür, als Jäde in der anderen gegenüberliegenden Tür hereinkam. So standen sie sich gegenüber, jeder in einer offenen Tür, und starrten sich an. Dem Förster lief noch der Schweiß in den Bart, und auch mein Vater sah nicht aus, als sei er gerade aus dem Bett gekommen.

»Also«, sagte Jäde, »wo ist der Hecht?«

»Was für ein Hecht, Herr Förster?«

»Der, den Sie soeben gebaußelt haben.«

»Ich soll einen Hecht gebaußelt haben?«

»Jawoll, Sie«, sagte der Förster, »her mit dem Hecht.«

»Aber, Herr Förster, ich habe heute noch keinen Hecht gesehen.«

»Und ob Sie einen gesehen haben! Das kostet ein halbes Jahr. Ich werde Sie anzeigen, und zwar noch heute. Das sage ich Ihnen. Her mit dem Hecht.«

Mein Vater stand dem Förster gegenüber und lächelte. Sein Lächeln war verlegen, etwas heuchlerisch, und saß unter dem schwarzen Kaiser-Wilhelm-Schnurrbart, den er zu dieser Zeit trug, wie eine Aufforderung. Er war sich sicher, daß der Hecht nicht zu finden war, was Jäde auch unternahm.

»Dann müssen Sie wohl das Haus durchsuchen. Denn wo kein Hecht ist, da ist nun mal keiner.«

»Das werde ich Ihnen beweisen«, sagte der Förster, »treten Sie mal beiseite.«

Mein Vater trat gehorsam und etwas devot beiseite und gab Jäde den Weg in das Schlafzimmer und zu dem Bett seiner Frau frei. Der Förster war mit drei Schritten an ihm vorbei. Die Zimmer waren klein und eng. Es waren nur niedrige Stuben. Jäde fuhr etwas erstaunt zurück, als er sich plötzlich im Schlafzimmer und vor dem Bett meiner Mutter befand. Meine Mutter tat, als sei sie gerade erwacht. Sie schlug die Augen auf und sagte: »Was für ein Krach.«

Der Förster stand am Ende ihres Bettes, die Flinte jetzt auf dem Rücken, die Hände auf der hohen Bettkante, ein preußischer Beamter, der das Recht hatte oder sich anmaßen konnte, auch ihr Bett zu durchsuchen. Er stand dort, streng, wütend, die Verkörperung der genasführten Staatsmacht und Staatsgewalt. Meine Mutter blieb ruhig und gab sich erstaunt.

»Aber, Herr Jäde, was machen Sie denn hier? Hier an meinem Bett?«

Sie wußte, daß er nicht unter ihre Bettdecke greifen würde, schon gar nicht dorthin, wo der Hecht jetzt lag, naß, glatt, kalt, blutig, und immer noch halb lebendig. Sie kannte den Förster besser als ihr Mann. Er war schüchtern Frauen gegenüber, hielt sie in seinem Bezirk für verschlagen wie die Männer, glaubte aber, meine Mutter sei anders als die anderen, eine für ihn anständige und rechtschaffene Frau. Sie sprach ihn nicht mit »Herr Förster« an, wie ihr Mann Richard und alle anderen. Sie sagte nur »Herr Jäde«. Er hatte sie schon als junges Mädchen gekannt, und wie damals, nannte er sie auch jetzt noch Anna.

»Morgen, Anna.«

»Morgen«, sagte meine Mutter.

»Dein Mann hat einen Hecht gebaußelt.«

»So. Das glaube ich nicht.«

»Ich habe ihn doch selbst dabei erwischt.«

»Das ist nicht möglich, Herr Jäde. Der hat ja eben noch neben mir gelegen, vor einer halben Stunde. So schnell baußelt man keinen Hecht.«

»Der Hecht ist hier, Anna. Ich werde ihn finden, und wenn ich das ganze Haus auf den Kopf stelle.«

»Aber mein Richard ist gerade erst aufgestanden.«

»Eben erst aufgestanden«, sagte der Förster. »Dein Richard ist die ganze Zeit vor mir hergelaufen, den Hecht unter dem Arm. Ich hätte ihm in die Beine schießen können, so nah ist er vor mir hergerannt.«

»Das tun Sie man lieber nicht, Herr Jäde. Auf Menschen soll man nicht schießen.«

»Wer Fische stiehlt, ist kein Mensch.«

»Das hat mit Stehlen nichts zu tun«, sagte meine Mutter, »ein Mensch ist ein Mensch, ganz gleich, was er tut.«

Jetzt sah Jäde, was mein Vater nicht beachtet oder übersehen hatte. Zwei Hechtschuppen und etwas Fischschleim klebten auf dem sichtbaren Teil des Lakens. Meine Mutter sah den Blick des Försters auf das Laken, richtete sich etwas auf, und sah nun ebenfalls dorthin.

»Was ist denn das?«

»Fischschuppen«, sagte meine Mutter.

»Also doch.«

»Was denn doch? Ich habe gestern abend spät noch Fische sauber gemacht, die ich heute braun kochen will. Da habe ich mich wohl nicht mehr richtig gewaschen. Ich war auch zu müde von der vielen Arbeit. Sie kennen das ja, Herr Jäde, immer arbeiten, von morgens bis abends. Aber jetzt schäme ich mich doch.«

»Du brauchst dich nicht zu schämen, Anna.«

»Aber doch. So was Unsauberes. Das gibt es bei mir doch nicht. Aber ich war wohl zu müde.«

»Na gut«, sagte der Förster, »und jetzt gib mir den Hecht.«

Meine Mutter sah ihn erstaunt an. Sie gab sich, als sei ein Förster an ihrem Bett etwas Ungeheuerliches, nicht Erlaubtes. Sie wußte sich keinen anderen Rat mehr, als ihre Stimme zu heben.

»Was denn für ein Hecht? Wo soll er denn sein?«

»Unter der Bettdecke«, sagte Jäde.

»Unter meiner Bettdecke? Da würde ich mich ja graulen, mit einem Hecht im Bett. Das glauben Sie doch wohl selbst nicht.«

»Ein anderer Hecht wäre dir vielleicht lieber, ein richtiger Hecht von einem Mann«, sagte der Förster, »aber diesmal ist es ein Fisch.«

Meine Mutter richtete sich auf und fast wäre ihr die Bettdecke über den Hecht zurückgerutscht. Sie liebte keine Anspielungen, weder versteckte noch offene. Der Förster war zu weit gegangen. Er wußte es sofort. Er sah es meiner Mutter an. Verlegen ruckte er an dem Riemen seiner Flinte, verlor in wenigen Sekunden an preußischer Haltung und sah über den Kopf meiner Mutter hinweg auf das Bild, das über den beiden Ehebetten an der Wand hing. Ein rosaroter Engel hielt mit ausgebreiteten Armen und beschützenden Händen vor einem hellblauen, sanften Frühlingshimmel zwei spielende und blumensuchende Kinder vor einem gähnenden Abgrund zurück. Der Förster sah auf den Engel und sagte:

»Ist das dein Schutzengel?«

»Das ist kein Schutzengel. Das ist ein Hecht. Vielleicht der Hecht, den Sie suchen. Und jetzt muß ich Sie bitten zu gehen, und zwar sofort.«

»Aber Anna«, sagte der Förster.

»Nix Anna«, sagte meine Mutter. »Dort ist die Tür.«

Sie wies mit der linken Hand zur Tür, und der Förster drehte sich um und ging auf die Tür zu, in deren Rahmen mein Vater stand. Er lächelte unter seinem Schnurrbart, gab sich aber Mühe, seine Genugtuung zurückzuhalten.

»Ich bringe Sie noch hinaus, Herr Förster.«

»Das tut nicht nötig.«

»Aber selbstverständlich«, sagte mein Vater, »man weiß doch, was sich gehört.«

Sie gingen durch die Küche, deren Tür hinaus auf den Hof führte, Jäde voran und mein Vater hinterher. Auf dem Hof blieb der Förster einen Augenblick stehen. Er sah auf das gestapelte Holz, das fast alles gestohlen war. Es lag in Kloben und zerkleinert ordentlich aufgeschichtet. Mein Vater sorgte für seinen Holzbedarf in eigener Art. Der Wald gehörte nach seiner Ansicht auch ihm und nicht nur dem preußischen Staat und dessen Förster. Nachts zog er in den Wald und sägte für sich das um, was geschlagen werden konnte, Kiefern und Buchen, die für den Ofen reif waren. Jäde wußte es, konnte ihm aber nichts beweisen.

»Gutes Holz.«

»Prima Holz«, sagte mein Vater.

»Einmal kriege ich Sie ja doch. Darauf können Sie sich verlassen.«

»Mich kriegen Sie nie. Ich baußle ja keinen Hecht.«

»Aber das waren Sie doch. Leugnen Sie es nicht länger ab. Ich habe doch noch meine zwei Augen im Kopf.«

»Das haben Sie sicher, Herr Förster. Nur ich war es nicht.«

»Wer war es denn sonst?«

»Vielleicht einer meiner Brüder. Die treiben sich ja immer am See herum und sehen alle gleich aus.«

»Die kann ich genau unterscheiden«, sagte Jäde.

»Das glaube ich nicht«, sagte mein Vater, »die kann ja nicht einmal ich unterscheiden.«

Mit einer Waage in der Hand kam er an das Bett meiner Mutter, nachdem der Förster gegangen war. Meine Mutter hatte die Bettdecke zurückgeschlagen und den Hecht neben sich gelegt. Sie war ärgerlich auf ihren Mann, über das durch den Hecht verschmutzte Bett und über den Förster, der sie beleidigt hatte. Sie sah auf die Waage in der Hand meines Vaters.

»Was soll denn die Waage?«

»Mal sehen, wie schwer er ist«, sagte mein Vater.

Er nahm den Hecht auf, wog ihn in beiden Händen hin und her, fand ihn schwer, mehr als schwer, beträchtlich schwer, sagte »Dat is ein Häckt, wat?« und legte den Hecht auf die Waage, die er auf dem Fußboden neben dem Bett meiner Mutter aufgestellt hatte. Es war ein Vierzehnpfünder. Sofort geriet mein Vater außer sich vor Freude. »Vierzehn Pfund, geschlagene vierzehn Pfund. Na, was sagst du jetzt?«

Meine Mutter nahm nicht teil an seiner Freude. Sie zog die zurückgeschlagene Bettdecke hoch, richtete sich auf und sagte: »Dat givt it nich mihr, Richard, dat nich. Ein für allemal.«

Sie behielt recht. Nach kurzer Zeit gab es das nicht mehr. Kein Förster kam noch einmal in den frühen Morgenstunden an ihr Bett, und kein Mann warf ihr wieder einen Hecht unter die Decke. Der Erste Weltkrieg begann, mein Vater zog in den Krieg, Jäde und alle anderen auch, und die Hechte im See wurden für vier Jahre vergessen. Als mein Vater und einige andere wiederkamen, gab es Jäde nicht mehr. Mein Vater fand das die »ausgleichende Gerechtigkeit« und kommentierte den frühen Tod des Försters mit einem seiner Sinnsprüche.

»Gerecht ist gerecht«, sagte er, »und was nicht gerecht ist, das geht auch nicht mit rechten Dingen zu.«

Isaac B. Singer
Tote Gänse schreien nicht

Bei uns zu Hause war oft die Rede von den Geistern der Toten, die die Körper der Lebenden beherrschen, von den Seelen, die in den Tieren wiedergeboren sind, von Häusern, die von Kobolden bewohnt werden, von Kellern, in denen Dämonen ihr Unwesen treiben. Mein Vater sprach von diesen Dingen, weil sie ihn beschäftigten, aber auch, weil Kinder in einer großen Stadt so leicht vom rechten Weg abkommen. Sie gehen überall hin, sehen alles, lesen weltliche Bücher. Man muß sie daher von Zeit zu Zeit daran erinnern, daß es in dieser Welt noch immer geheimnisvolle Kräfte gibt.

Als ich etwa acht Jahre alt war, erzählte mein Vater uns eine Geschichte aus einem der heiligen Bücher. Wenn ich mich nicht irre, hatte Rabbi Elias aus Grajdik das Buch geschrieben – oder einer der anderen Weisen aus Grajdik. Die Geschichte handelte von einem Mädchen, das von vier Dämonen besessen war. Es hieß, man habe die Dämonen tatsächlich sehen können, wie sie in ihren Eingeweiden herumkrochen, ihren Bauch aufblähten, von einem Körperteil in den anderen wanderten und in ihre Beine glitten. Der Rabbi von Grajdik hatte die bösen Geister ausgetrieben, indem er das Widderhorn blies, Zauberformeln sprach und wundertätige Kräuter verbrannte.

Als mein Bruder Joshua diese Dinge anzweifelte, regte sich mein Vater schrecklich auf. Er fragte zornig: »Soll denn etwa der große Rabbi von Grajdik, Gott möge mir verzeihen, ein Lügner gewesen sein? Sind alle Rabbis, Heiligen und Weisen Betrüger, und nur die Gottlosen sprechen die Wahrheit? Wehe! Wie kann man nur so blind sein!«

Plötzlich öffnete sich die Tür, und eine Frau trat herein. Sie trug einen Korb mit zwei Gänsen. Die Frau sah verängstigt aus. Ihre Matronenperücke war verrutscht. Sie lächelte nervös.

Vater sah fremde Frauen nie an, weil das jüdische Gesetz es verbietet. Aber Mutter und wir Kinder merkten sofort, daß irgend etwas unsere unerwartete Besucherin in Angst und Unruhe versetzt hatte.

»Worum geht's?« fragte Vater und wandte ihr den Rücken zu, um sie nicht ansehen zu müssen.

»Rabbi, ich habe ein Problem, ein sehr ungewöhnliches Problem.«

»Worum geht's?«

»Es geht um diese Gänse.«

»Was ist mit den Gänsen?«

»Lieber Rabbi, diese Gänse sind geschlachtet worden, wie es den Vorschriften entspricht. Dann habe ich ihnen die Köpfe abgeschnitten. Ich habe sie ausgenommen, die Eingeweide, die Leber, alle übrigen Organe, aber sie schreien immer noch so jämmerlich ...«

Als mein Vater das hörte, wurde er bleich. Auch ich bekam schreckliche Angst. Meine Mutter aber stammte aus einer Familie von Verstandesmenschen. Sie war von Natur aus skeptisch.

»Tote Gänse schreien nicht«, sagte sie.

»Sie werden es schon hören«, erwiderte die Frau.

Sie nahm eine der Gänse und legte sie auf den Tisch. Dann nahm sie die zweite Gans aus dem Korb. Die Gänse hatten keinen Kopf mehr und waren ausgenommen – mit anderen Worten: ganz gewöhnliche tote Gänse.

Ein Lächeln ging über das Gesicht meiner Mutter. »Und diese Gänse schreien?«

»Sie werden es gleich hören.«

Die Frau nahm eine Gans und schlug sie gegen die andere. Im gleichen Augenblick ertönte ein Schrei. Es ist nicht leicht, dieses Geräusch zu beschreiben. Es klang wie das Schnattern einer Gans, aber so hoch und unheimlich, mit einem so schrecklichen Stöhnen und Ächzen, daß es mir kalt über den Rücken lief. Ich konnte fast fühlen, wie sich jedes einzelne Haar meiner Schläfenlocken aufrichtete. Am liebsten wäre ich aus dem Zimmer gelaufen. Aber wohin sollte ich laufen? Meine Kehle war vor Angst wie zugeschnürt. Dann begann auch ich zu schreien und klammerte mich an den Rock meiner Mutter wie ein dreijähriges Kind.

Vater vergaß, daß man fremde Frauen nicht ansehen darf. Er lief zu dem Tisch. Er fürchtete sich genauso wie ich. Sein roter Bart zitterte. Seine blauen Augen zeigten eine Mischung aus Angst und Befriedigung. Für ihn bedeutete dies, daß der Himmel nicht nur dem Rabbi von Grajdik, sondern auch ihm Zeichen schickte. Aber vielleicht kam dieses Zeichen vom Bösen, vom Satan persönlich?

»Was sagen Sie jetzt?« fragte die Frau.

Meine Mutter lächelte nicht mehr. In ihren Augen lag etwas wie Traurigkeit, aber auch Zorn.

»Ich verstehe nicht, was hier vor sich geht«, sagte sie unwillig.

»Wollen Sie es noch einmal hören?«

Wieder schlug die Frau die Gänse gegeneinander, und wieder gaben die Gänse diesen unheimlichen Schrei von sich – den Schrei der stummen Kreatur, die, vom Schächter getötet, sich dennoch einen Funken Lebenskraft bewahrt hat, die mit den Lebenden noch abzurechnen, ein Unrecht zu begleichen hat. Mich fröstelte. Mir war, als ob mich jemand mit aller Kraft geschlagen hätte.

Die Stimme meines Vaters klang heiser und brüchig, als ob er schluchzte. »Zweifelt jetzt immer noch jemand daran, daß es einen Schöpfer gibt?« fragte er.

»Rabbi, was soll ich tun, und wohin soll ich gehen?« Die Frau begann, in einem klagenden Singsangton vor sich hinzumurmeln: »Welches Verhängnis ist über mich gekommen? Weh mir! Was soll ich mit den Gänsen machen? Vielleicht sollte ich zu einem der Wunderrabbis gehen? Vielleicht sind sie nicht so geschlachtet worden, wie es die Vorschriften bestimmen? Ich habe Angst, sie mit nach Hause zu nehmen. Ich wollte sie für das Sabbatmahl zubereiten, und jetzt dieses Unglück! Heiliger Rabbi, was soll ich tun? Muß ich sie wegwerfen? Jemand sagte, man müsse sie in Leichentücher hüllen und begraben. Ich bin eine arme Frau. Zwei Gänse! Sie haben mich ein Vermögen gekostet!«

Vater wußte nicht, was er sagen sollte. Er sah zu seinem Bücherschrank hinüber. Wenn es irgendwo eine Antwort gab, mußte sie dort zu finden sein.

Plötzlich sah er meine Mutter ärgerlich an. »Und was sagst du jetzt?«

Mutters Gesicht wurde unfreundlich, schmal und spitz. Empörung war in ihren Augen, aber auch so etwas wie Scham.

»Ich möchte es noch einmal hören.« Ihre Worte waren bittend und befehlend zugleich.

Zum drittenmal schlug die Frau die Gänse gegeneinander, und zum drittenmal ertönten die Schreie. Es kam mir in den Sinn, daß so etwa das Schreien eines Kalbes geklungen haben mußte, das geopfert wurde.

»Wehe, wehe, und doch lästern sie weiter ... Es

steht geschrieben, daß die Gottlosen nicht einmal vor den Toren der Hölle Reue empfinden.« Vater hatte die Sprache wiedergefunden. »Sie sehen die Wahrheit mit eigenen Augen, und doch verleugnen sie weiter ihren Schöpfer. Sie werden in den Abgrund der Hölle geschleift und behaupten, das sei alles Natur oder ein Zufall ...«

Er sah Mutter an, als wollte er sagen: Und du bist wie *sie*.

Lange Zeit war es still. Dann fragte die Frau: »Also habe ich es mir nur eingebildet?«

Plötzlich lachte meine Mutter. Etwas in ihrem Lachen ließ uns alle zittern. Ich wußte mit einer Art sechstem Sinn, daß Mutter das Drama, das sich da vor unseren Augen abspielte, beenden würde.

»Haben Sie die Luftröhren entfernt?« fragte Mutter.

»Die Luftröhren? Nein ...«

»Dann nehmen Sie sie heraus«, sagte Mutter, »und die Gänse werden nicht mehr schreien.«

Mein Vater wurde zornig. »Was redest du für einen Unsinn? Was hat das mit den Luftröhren zu tun?«

Mutter nahm eine Gans, schob einen ihrer schlanken Finger hinein und zog mit aller Kraft die dünne Röhre heraus, die vom Hals zur Lunge führte. Dann nahm sie die zweite Gans und entfernte auch da die Luftröhre. Ich stand zitternd daneben, entsetzt über den Mut meiner Mutter.

Ihre Hände waren voller Blut. Ihr Gesicht spiegelte den Zorn des Verstandesmenschen wider, den man am hellichten Tage einzuschüchtern versucht hat.

Vaters Gesicht war wieder blaß und ruhig – und ein wenig enttäuscht. Er wußte, was hier geschehen war: Logik, kalte Logik unterhöhlte wieder einmal den Glauben, gab ihn dem Gelächter und der Verachtung preis.

»Jetzt nehmen Sie bitte eine Gans und schlagen sie gegen die andere«, forderte meine Mutter die Frau auf.

Es ging um die Entscheidung. Wenn die Gänse schrien, würde Mutter alles verlieren: ihre Kühnheit, die die Kühnheit eines Verstandesmenschen war, und ihren Skeptizismus, den sie von ihrem Vater geerbt hatte. Und ich? Obwohl ich mich fürchtete, betete ich innerlich, daß die Gänse schreien würden, so laut schreien, daß die Leute auf der Straße es hörten und angelaufen kämen.

Aber die Gänse blieben stumm, so stumm, wie zwei tote Gänse ohne Luftröhren nur sein können.

»Bring mir ein Handtuch!« sagte Mutter zu mir.

Ich lief, um das Handtuch zu holen. In meinen Augen standen Tränen. Mutter wischte sich die Hände an dem Tuch ab wie ein Chirurg nach einer schwierigen Operation.

»Das war alles!« verkündete sie triumphierend.

»Was sagen Sie dazu, Rabbi?« fragte die Frau.

Vater begann zu hüsteln, zu murmeln. Er fächelte sich mit seinem Käppchen.

»Ich habe so etwas noch nie gehört«, sagte er schließlich.

»Ich auch nicht«, gab die Frau zurück.

»Ich auch nicht«, sagte meine Mutter. »Aber für alles gibt es eine Erklärung. Tote Gänse schreien nicht.«

»Kann ich jetzt nach Hause gehen und sie kochen?« fragte die Frau.

»Gehen Sie nach Hause und kochen Sie sie für den Sabbat«, entschied Mutter. »Fürchten Sie sich nicht. In Ihrem Kochtopf werden sie keinen Ton von sich geben.«

»Was sagen Sie, Rabbi?«

»Hm ... sie sind koscher«, murmelte Vater. »Sie können gegessen werden.« Er war nicht wirklich überzeugt, aber die Gänse jetzt noch für nicht koscher erklären, das konnte er nicht.

Mutter ging wieder in die Küche. Ich blieb bei meinem Vater. Plötzlich begann er, mit mir wie mit einem Erwachsenen zu sprechen. »Deine Mutter schlägt deinem Großvater nach, dem Rabbi von Bilgoraj. Er ist ein großer Gelehrter, aber ein gefühlloser Verstandesmensch. Schon vor unserer Verlobung hat man mich gewarnt ...«

Und Vater hob die Hände, als wollte er sagen: Jetzt ist es zu spät, die Hochzeit abzusagen.

Barbara Frischmuth
Sonntag

Wir waren hinausgegangen. Wenn du willst, nehme ich die Schneeschaufel, wenn du unbedingt willst.

Ich geh lieber Kohlen holen. Einen Kübel für den Vater, der im Krieg gefallen ist, einen Kübel für die Großmama, die an Blasenkrebs gestorben ist, und einen Kübel für die Tante, die im Bett verbrannte.

Wenn du Holz spaltest, mußt du achtgeben, daß du dir nicht in die Hand hackst dabei. Hanno hatte sich beim Holzspalten den Finger abgehackt. Den linken Zeigefinger. Es blutete sehr und er mußte ins Spital.

Ich habe ihn mir abgebissen, sagte er zur Schwester, als sie ihn danach fragte. Er lag in einem weißen Zimmer im Bett, und auf dem Nachttisch stand ein großes Glas mit Preiselbeeren, aus dem wir alle einmal trinken durften. Es schneite draußen, und wir waren sehr müde, von der Wärme und von dem Geruch. Über dem Bett hing an zwei Lederriemen eine Stange, an der man sich hochziehen konnte. Wir wollten es nicht einmal ausprobieren, so müde waren wir. Und das Mädchen, das im anderen Bett lag, sagte kein Wort. Man hatte ihr den Blinddarm herausgeschnitten, und wir wollten wissen, wie das ist, ohne Blinddarm, und was sie gemacht hatte, um es so weit zu bringen. Aber das Mädchen sagte kein Wort. Und wenn wir was fragten, drehte es den Kopf zur Wand.

Von der Schneeschaufel ist ein Stück abgebrochen. Man muß sie zum Tischler bringen oder eine neue kaufen. Sonst schneit es uns ein.

In der Nacht war die Milch auf dem Balkon gefroren, und die Katze hatte das Fleisch aus dem Topf gestohlen. Wir hatten den Deckel mit einem Stein beschwert, sie hat es trotzdem davongetragen. Es kann nur die Katze gewesen sein, wenn auch der Schnee ihre Spur verschneit hat. Ich hatte den Stein in der Nacht rumpeln hören und gedacht, es wäre der Schnee, der vom Dach fällt.

Am Sonntag gibt es Kakao und Weißbrot mit Honig zum Frühstück. Wir saßen in der Küche um den großen Tisch und hatten alle noch das Nachthemd an. Nur Mutter war angezogen. Sie strich die Brote und schob jedem seinen Teller hin. Ich will nur ganz wenig Butter, dafür um so mehr Honig und keine Haut auf dem Kakao. Die Katze sprang auf den Tisch. Sie hatte nasse Pfoten und machte Flecken auf das Tischtuch. Der Mann von Mutter packte sie am Genick und ließ sie zu Boden fallen. Sie kam wieder, setzte sich neben mich und stieß mich am Ellbogen. Ich gab ihr ein großes Stück von dem Honigbrot. Sie hielt es im Maul, sprang damit auf den Boden und lief in die Ecke neben dem Herd, wo das Holz liegt. Dort begann sie zu kauen, mit vorstehenden Schulterblättern und schief gelegtem Kopf.

Die anderen gingen über den See zur Kirche. Der See war heuer früher als sonst zugefroren. Auch der Mann von Mutter war dabei. Er würde vor der Kirche abbiegen und ins Wirtshaus gehen. Vom Küchenfenster aus konnte man ihnen nachsehen, bis zu den großen Bäumen am drüberen Ufer. Sie trugen Schihosen und Windblusen mit ins Gesicht gezogenen Kapuzen.

Ich hab Ohrenweh, hatte ich gesagt, weil ich Mutter etwas fragen wollte. Vor den anderen ging es nicht. Ich machte mich am Stuhl neben der Tür zu schaffen. Dort legten die Kinder immer ihr Zeug hin, anstatt in den Kasten. Ich suchte die schmutzigen Socken heraus. Am Montag ist Waschtag. Mutter goß den Braten auf. Es zischte, und ich konnte ihr Gesicht durch den Dunst kaum sehen.

Mach das Fenster einen Spalt auf, sagte sie, damit es den Dunst hinauszieht.

Vom äußeren Gesims staubte Schnee herein. Der Fensterpolster wurde naß, und auf dem Boden entstand eine Lacke. Ich wollte den Reibfetzen holen.

Laß nur, sagte Mutter, es zahlt sich nicht aus. Der Schnee ist sauber und Parkettboden haben wir keinen.

Ich legte die schmutzigen Socken auf eine alte

Windel und band das Ganze zu einem Pinkel zusammen. Auch die Pullover und Unterziehleibchen gehörten zur Wäsche, nur die Schals und die Fäustlinge waren noch halbwegs sauber. Ich ging ins Kinderzimmer und legte die Schals und die Handschuhe in den Kasten. Es war kalt hier drinnen. Die Betten waren aufgedeckt, und das Fenster stand sperrangelweit offen. Wir hatten keinen Ofen im Kinderzimmer, nur im Elternschlafzimmer stand einer, ein alter Eisenofen, der nur geheizt wurde, wenn jemand krank war.

Mir wurde schwindlig und ich setzte mich einen Augenblick auf Kikis Bett. Die Figuren am Holzplafond waren schwer zu erkennen, so trüb war das Licht. Die Astlöcher hoben sich kaum ab. Am schönsten war es, wenn die Nachtlampe brannte und es viele Unterschiede gab. Schräg unter dem Querbalken saß ein Basilisk mit faltigem Hals und einem hohen Kamm. Über Kikis Bett, das zuerst meines war, war die Haifischflosse und in der Ekke, wo man sie kaum sehen konnte, die Gänsefrau. Wo ich jetzt schlief, war oben ein Gesicht im Plafond, das immer anders aussah. Vor dem hatte sich Kiki gefürchtet, bis wir dann den Platz tauschten.

In der Küche kam es mir nun viel wärmer vor. Mutter rührte gerade das Puddingpulver in die Milch ein. Ich fragte sie, ob ich was tun könne, und sie gab mir die gekochten Erdäpfel zum Schälen.

Du mußt dir öfter die Haare waschen, sagte sie und sah mich genauer an.

Ja, sagte ich, und zog die feine Haut von den Erdäpfeln.

Und dir morgens das Gesicht eincremen, bevor du hinaus in die Kälte gehst.

Jetzt hätte ich sie fragen können, aber da lief der andere Teil der Milch über, den sie in einem Schnellsieder ins offene Feuer gehängt hatte. Sie war vollauf damit beschäftigt, die Spuren von der Herdplatte zu reiben. Es stank, und ich mußte das Fenster noch weiter aufmachen. Sie goß etwas Milch zu, damit es für den Pudding reichte, und ließ den Schnellsieder nicht aus den Augen.

Da saßen wir alle und aßen. Die Suppe war zu wenig gesalzen. Der Mann von Mutter saß der Kredenz am nächsten, aber Mutter stand auf und holte das Salz. Seine Augen glänzten. Er erzählte von den neuen Trägerraketen und daß die Amerikaner noch lange nicht so weit wären. Als wir beim Fleisch waren, fiel mir ein, daß ich im Wohnzimmer noch nicht eingeheizt hatte. Nach dem Essen, wenn Mutter das Geschirr wusch und die anderen sich hinlegten, würde ich hinübergehen und einheizen.

Die Kinder hätten den Pudding am liebsten allein gegessen. Nur Kiki tauschte ihren gegen ein Stück Fleisch. Nicht daß sie zu wenig bekommen hätte, aber das Handeln machte ihr Spaß.

Wir hatten den Hund erschießen lassen müssen. Er war krank. Wenn er den Kopf schüttelte, spritzte Eiter aus seinen Ohren. Und manchmal winselte er in der Nacht. Die letzte Zeit über hatte er bei uns im Zimmer geschlafen. Draußen wäre es für ihn zu kalt gewesen. Ich hörte ihn oft in der Nacht, und wenn ich glaubte, daß die anderen schliefen, rief ich ihn. Er sprang auf das Bett, kroch am Fußende unter die Decke und leckte mir die Zehen. Wenn wir morgens aufwachten, saß er schon neben der Tür und wollte hinaus.

Kiki war mit den anderen Kindern rodeln gegangen. Ich war eben erst aus der Schule gekommen und saß beim Mittagessen. Es gab Leberkäse und geröstete Erdäpfel. Ich war noch nicht fertig, als der Jäger ans Fenster klopfte. Der Mann von Mutter hatte sich den Nachmittag frei genommen, aber er war noch nicht da. Mutter sagte dem Jäger, er solle hereinkommen. Sie schenkte ihm einen Schnaps ein. Der Hund lag auf einem alten Sack neben dem Herd und sah mit hängenden Augenrändern zu uns herüber. Von Zeit zu Zeit kratzte er sich mit dem Hinterfuß am Ohr. Er muß sich dabei mit den Krallen aufgekratzt haben, denn er jaulte von Zeit zu Zeit. Als der Mann von Mutter kam, trank er auch noch einen Schnaps, dann gingen sie beide, er und der Jäger, hinaus. Den Hund nahmen sie mit. Wo ist die Katze, such die Katze, riefen sie ihm abwechselnd zu. Mit unserer Katze hatte sich der Hund immer vertragen, nur auf fremde Katzen war er wild. Er wurde närrisch und begann nach dem Schnee zu schnappen. Ich sah vom Küchenfenster aus, wie der Mann von Mutter ihn am Halsband nahm und ihm befahl, bei Fuß zu gehen. Irgendwo im Schnee draußen mußte der Hund sich hinsetzen. Der Mann von Mutter kam zum Haus zurück, ohne den Hund aus den Augen zu lassen. Immer, wenn der Hund sich erheben wollte, schrie er »sitz«, und der Hund setzte sich wieder.

Komm vom Fenster weg, hatte Mutter gesagt und mir ein Geschirrtuch in die Hand gedrückt. Ihre Stimme war heiser, und sie klapperte mit den Tellern in der Abwasch. Wir hörten den Schuß und gleich darauf das Heulen, das immer stärker wurde. Einer der Männer schrie etwas. Dann hörten wir noch einen Schuß. Bald darauf kam der Mann von Mutter herein und holte den Sack, auf dem der Hund neben dem Herd gelegen war. Sie brauchten den Sack, um den Hund damit zum See hinunter zu tragen. Sie nahmen auch den Pickel mit, damit sie ein Loch ins Eis hacken konnten.

Mutter und ich sahen zum Fenster hinaus. Sie waren mit dem Hund schon beim See unten. Von dem Ort, an dem der Hund gesessen war, führte eine Blutspur bis zu einer Grube. Der Jäger mußte ihn erst beim zweiten Mal richtig getroffen haben.

Geh hinaus und kehr Schnee drüber, hatte Mutter gesagt, damit die Kinder nicht erschrecken, wenn sie heimkommen. Aber zieh dir etwas an.

Im Frühjahr und im Herbst waren wir am Sonntag immer spazierengegangen. Wir brachen nach dem Mittagessen auf und kamen bis zur Jause wieder. Meistens gingen wir um den See herum. Die Kinder hatten immer zum Wasser gewollt, nachschauen, ob man noch baden kann. Kiki und ich rissen Zweige ab oder stritten uns mit den Kleinen. Sobald der Wald anfing, riß sich der Hund, der bis dahin keuchend bei Fuß gegangen war, los und verschwand. Der Mann von Mutter versuchte lange, ihn zurückzurufen, während Mutter der Ansicht war, man sollte lieber nicht schreien, sonst würde der Jäger eher auf ihn aufmerksam. Der Hund kam dann meistens erst gegen Abend wieder, wenn wir alle längst zu Hause waren. Gekrümmt und niedergeschlagen, mit hängendem Kopf, kam er angewedelt, um die verdienten Prügel über sich ergehen zu lassen. Wenn dann der Mann von Mutter den Hosenriemen wieder angelegt hatte, schlich der Hund auf seinen Platz, begann sich zu lecken und an seinen Zecken zu beißen. Nie hat ihn ein Jäger erwischt.

Ich hatte Mutter noch immer nicht gefragt. Ich kniete vor dem Kachelofen. Es war die Zeitung vom vergangenen Freitag, die ich zerknüllte und auf den Rost legte. Darauf kamen die Späne und dann, im Viereck gelegt, die kleineren Holzscheite.

Mit der Kohle wartete ich noch, sonst ging das Feuer gleich wieder aus. Der Kachelofen hatte in halber Höhe eine Ausbuchtung, in der man etwas wärmen konnte. Sonntag abends aßen wir immer im Wohnzimmer. Belegte Brote und Tee oder kalten Reisauflauf. Einmal, als die Butter noch ganz hart war und sich nicht streichen ließ, hatte Mutter sie in das Fach des Kachelofens gelegt und nicht mehr daran gedacht. Seit damals roch es im Wohnzimmer immer nach ranziger Butter, wenn der Ofen sich zu erwärmen begann. Wir hatten schon alles mögliche versucht, um den Geruch wegzubringen, aber nichts half. Später, wenn der Ofen eine Weile brannte und wir alle im Wohnzimmer saßen, verzog sich der Geruch von selbst.

Mutter erfährt alles, wenn es auch eine Weile dauert.

Sie war noch immer beim Geschirrabwaschen, als ich vom Wohnzimmer in die Küche zurückkam. Ich begann, das Geschirr abzutrocknen und wußte nicht, wie ich anfangen sollte.

Fehlt dir was? hat sie gefragt, während ich aus Versehen das abgetrocknete Geschirr wieder in die Abwasch stellte. Und dann habe ich sie gefragt und das andere gleich miterzählt. Von dem ich gar nicht hatte reden wollen. Aber wie ich so damit anfing, und ich wirklich mit ihr allein war, und sie es sowieso irgendwann erfahren hätte. So eine Gelegenheit kommt nicht so schnell wieder. Und sie nicht einmal gleich bös geworden ist, sondern nur gesagt hat: Hör auf zu weinen, davon wird es auch nicht besser. Und da hatten wir es hinter uns.

Später ging Mutter ins Kinderzimmer hinüber und holte Kiki und die Kleinen. Ich hatte mir inzwischen das Gesicht gewaschen. Kiki wollte noch liegenbleiben. Sie las und war froh, daß die Kleinen ins Wohnzimmer sollten. Dann kam auch der Mann von Mutter in die Küche. Er war im Unterhemd und barfuß. Das neue weiße Hemd wetzte ihn am Hals, und er wollte, daß Mutter ihm eines von den alten karierten heraussuchte. Eines der Kleinen latschte in seinen ihm viel zu großen Hausschuhen in die Küche, und er mußte furchtbar lachen. Dann hob er das Kleine auf und nahm ihm die Hausschuhe ab. Er hatte dunkle, kräftige Arme, von denen sich das weiße Gesicht des Kleinen stark abhob. Es strampelte, biß und kratzte, und er drückte es immer fester an sich, so daß es an seinem dicken Arm fast erstickte. Da nahm ich ihm das Kleine fort, und wir lachten alle, auch das Kleine.

Als die Kinder alle in der Küche waren, stellte Mutter das Kaffeewasser auf. Der Mann von Mutter zog sein kariertes Hemd an und versuchte, die Kleinen zu beschäftigen, bis der Kaffee fertig war. Ich hatte inzwischen das Jausengeschirr auf ein Tablett gestellt. Und dann gingen alle miteinander ins Wohnzimmer.

Barbara Bronnen
Das Mädchen ohne Hände

Katharina erwachte aus dem Traum in jenem Augenblick, in dem sie gerade abgehoben und zu fliegen begonnen hatte, und sie war sich ihrer bodenlos unsicher und sammelte sich zusammen; sie ließ alle Empfindungen einmünden in dem Entschluß, sich hinfort keinen Tag länger leben zu lassen, sondern ihr Leben flügelhafter selbst in Bewegung zu setzen – als Jonas nach ihr und dem Morgenritual verlangte. Katharina zog die luftige Traumflotte hinter sich her, das Märchen von Mann und Frau, die miteinander fliegen, und ging zu Jonas, während der Boden unter ihren Füßen sich noch hob und senkte, daß ihr schwindelte. Sie nahm den hellwachen Jonas zu sich ins Bett, dessen Schulterblätter sie stets so hielt, daß der Flügelansatz sichtbar blieb; sie bewegte und rollte ihn hin und her, mehr sich als ihm die Traumstunden verlängernd, zog genüßlich seinen Milchapfelatem ein und ließ Musik den Raum erfüllen, während ihre Gedanken sich langsam vom Schoß zum Herzen und dann zum Kopf hinaufbewegten.

Sie hielt Jonas nicht fest, als er, ganz gebündelte Morgenenergie, aufstand und sie mitgehen hieß. Sie fand nur einen Schuh und hinkte zur Küche, bereitete die Milch, den Brei, den Kaffee. Sie verteilte die Tassen und Teller auf dem Tisch, und Jonas setzte stolzglänzenden Gesichts die Vase mit der Moosrose zwischen die Gedecke. Er saß ihr gegenüber und aß den Brei, während er die kleine *Windelmühle* vor dem Fenster betrachtete, die sich heftig ostwärts drehte und sein *Lokomokototifel* über den holprigen Löcherkäse lenkte.

Sie lachte mit Jonas über das neue Geschenk zu seinem Geburtstag, ein Blechhuhn, das den Eßtisch nach Körnern absuchte, und Jonas, der nach seinem Vater fragte, hörte aufmerksam zu, als sie Erklärungen abgab, die er mit der knappen Bemerkung »Walta kommt wieda« quittierte – seiner optimistischen Sicht des väterlichen Kommens und Gehens.

Katharina flüchtete an seine Brust und kam sich vor wie eine, die keine Sehnsucht hat, sondern die zufrieden ist mit dem, was sie nicht besitzt; eine suchende Ruhe überkam sie, die vorüberging, als sie feststellte, daß es höchste Zeit war.

Ein Tag war zu planen, sie und das Kind waren aufzuteilen. Sie räumte ab, warf die Eierschalen in den Abfalleimer, wusch das Geschirr ab, das Kind, machte einen Bogen um den Untermieter, der heute endlich auszog, zog an, sich, das Kind, ging zum Telefon, das im gleichen Augenblick schrillte, als sie wählen wollte. »Ich habe Kostümprobe und kann leider erst später kommen«, sagte Susanna.

Ihre Stimme klang bedrückt. Katharina fragte rasch: »Ist was? Oder willst du nicht sprechen?«

»Ich muß gleich los«, entgegnete Susanna, »das Übliche. So geht es nicht weiter.«

Katharina hatte Angst um ihre Schwester, deren Ehe seit einem Jahr diffus geworden war. Katharina hatte in den letzten Jahren Susanna lieben gelernt, deren Menschensinn sie immer bewundert hatte, und sie bedauerte, daß sie gerade jetzt, wo es ihr notwendig schien, daß sie miteinander sprachen, meist nur die Zeit aufbrachten, in fliegendem Wechsel einander Jonas weiterzureichen und dazu die notwendigsten Daten – »Frisch gewickelt!« »Kaum gegessen!« »Alles in Ordnung!« – nachzurufen.

»Könnten wir nicht heute wenigstens eine Stunde?« fragte Katharina, und Susanna rechnete: von vier bis sechs, vielleicht, Zeit für sie beide, mit Jonas, verstand sich. Katharina wählte rasch eine Zwei und legte den Hörer neben das Telefon, um ihren Stundenplan zu korrigieren. Jonas brauchte noch jemanden für die Zeit zwischen drei und fünf Uhr, für die sie eine Verabredung mit einem Verleger getroffen hatte. Da meldete Jonas, daß ein Windelwechsel fällig sei; Katharina, den Notizblock in der Hand, verteidigte ihren Kugelschreiber und warf die verschmutzte Hose in die Waschmaschine, die sie in Gang setzte, wobei es ihr durch den Kopf schoß, wie sie es wohl machten, die Chinesen, die keine Windelmühlen haben. Sie legte den Hörer wieder auf die Gabel und fing an, ihre Haare zu waschen, sie rieb und massierte kräftig ihren Kopf, als würde ihr dabei eher einfallen, wer in den zwei Stunden einspringen könnte. Da schrillte abermals das Telefon, Katharina sprang, den Fön in der Rechten, das bespritzte Notizheft in der Linken, das Handtuch hinter sich herziehend, zum Apparat, beantwortete die Fragen eines Journalisten, während sie sich vorsichtig an der langen Schnur zu Jonas vorrobbte, der sich soeben verdächtig gekrümmt auf dem neugekauften Teppich niedergelassen hatte.

»Nein, keinesfalls«, sagte sie knapp, wie die meisten weiblichen Neinsager verhaltenstherapeutisch trainiert, wobei sie sich beruhigt wieder rückwärts bewegte: Jonas war in ein Zwiegespräch mit seinem Penis vertieft. »Entweder fünfhundert oder wir lassen es.« Sie erschrak beinahe über die Geduld und Liebenswürdigkeit, mit der sie das sagte, und merkte an der Reaktion, daß nur eine barschere Tonart für voll genommen würde. »Nein danke, ich möchte lieber nicht«, sagte sie schnell und legte den Hörer wieder auf, als sei er aus glühendem Eisen. Sie mußte lachen über ihre Reaktion, und Jonas forderte sie auf: noch, und sie lachten gemeinsam: noch, noch, noch. Sie strich den Journalisten auf ihrer Liste der zu erledigenden Dinge durch, sah die Zettelanhäufung an, strich aus, schrieb um, stellte neu zusammen, zerknüllte, wählte rasch nochmals eine Zwei, legte den Hörer neben den Apparat und wickelte gähnend Jonas, der ihr wie ein Hypnotiseur suggerierte »Mamai gut geschlafen«, und war gerade dabei, ihm die Schuhe anzuziehen, als es läutete und sich gleichzeitig der Schlüssel im Loch drehte: Es war Ada, ihre Mutter, wie immer eine Viertelstunde zu früh.

Katharina hatte noch nicht herausgefunden, was Ada zuerst tat: aufsperren oder läuten oder die Wohnung betreten, das alles kam mit seltsamer Gleichzeitigkeit, als versuchte sie jeden Tag aufs neue, einen Blick hinter den Vorhang zu werfen, der Katharinas Leben vor ihr verbarg.

Katharina fühlte sich sofort ungeschützt, wenn Ada sie ansah und mit den üblichen Fragen nach der Nachtruhe und dem Gang der Dinge bedachte. *Sag mir was von dir* war die Forderung, die Katharina aus all den Kümmerungen und Kümmernissen heraushörte, die gleichzeitig auch Adas Angst hörbar machten. Denn was würde geschehen, wenn Katharina wirklich anfinge, von sich zu erzählen, die Frage, wie geht es dir, ernst nähme: Ada wäre zu Tode erschrocken.

»Was macht die Arbeit?« fragte Ada, die nur wissen wollte, daß die Arbeit voranging, und Katharina schmiß unbemerkt einen Pfennig über die Balkonbrüstung, was bei ihr zu den Aufräumarbeiten zählte. »Es ist eine Sünde«, sagte Ada und meinte den Puddingrest, den sie die Toilette hinunterspülte, »überhaupt, du hast dich gestern ja gar nicht mehr gemeldet.«

»Ich bin fortgegangen.«

»Du hast nicht abgehoben«, sagte Ada. »Als ich anrief, hast du doch behauptet, du wärst gerade gekommen und Jonas wäre noch auf der Treppe.«

»Stimmt, so war es: wir sind gekommen und gleich wieder gegangen«, sagte Katharina.

»Aber da war es doch schon halb acht«, entgegnete Ada entrüstet, »du willst mir doch nicht etwa weismachen, daß du mit dem Kind um diese Stunde noch einmal fortgegangen bist.«

»Doch, wir sind.« Katharina holte tief Luft. »Wir sind die Treppen hinaufgestiegen. Auf dem letzten Treppenabsatz habe ich das Telefon gehört. Ich bin vorausgelaufen, weil ich dachte, es sei etwas Berufliches. Ich habe dir gesagt, daß ich in Eile bin und Jonas auf der Treppe steht. Ich habe Jonas gewickelt, und dann sind wir gleich wieder die vier Treppen runtergegangen.« Katharina sprach langsam und mit scheinbarer Nachsicht und spürte, wie die Dinge sich gegen sie wendeten. »Wir sind noch zusammen essen gewesen.«

»Aber Katharina«, sagte Ada anklagend, und Katharina gab es auf. »Gut, ich lüge«, sagte sie müde und spreizte ihre Hände. »Was wolltest du denn eigentlich gestern, was war so wichtig?« schoß sie nun zurück, und Ada bauschte einen Vorwand auf.

Es war Katharina bewußt, daß es ihre Schuld war, wenn Ada Vorwände benutzte. Denn was würde sie tun, wenn Ada anriefe und sagte: Ich bin einsam, ich will mit dir sprechen? Wie oft schon hatte sie Ada abgewiesen, vertröstet und sich freigelogen?

Ada ging zur Küche mit Schultern, in denen der Triumph saß wie bei gewissen Marmorengeln auf Friedhöfen, und packte die Milch aus, die sie jeden Tag mitbrachte, um Katharina ein wenig von der Last der täglichen Einkäufe abzunehmen. Katharina dankte wie jeden Tag, doch der Dank nützte heute nichts: Ada behielt Tränen in den Augen, und Katharina spürte, daß das kleine Mädchen in ihr nicht sterben durfte, von dem Ada wußte, daß es log, weil es immer log, und das in jedem Fall beunruhigte, ob es nun log oder nicht.

»Die da unten ist schon zu ihm gezogen«, sagte Ada, die das Leben anderer mit den Lippen nachlebte, »das ging aber rasch.«

Katharina lächelte: »Sie hatten Glück.«

»Du siehst blaß aus«, sagte Ada, »du solltest nicht immer so spät ins Bett gehen.« Katharina zuckte die Achseln, vergrub ihr Gesicht in der Zeitung.

»Ist das Susannas Wäsche?« Ada inspizierte wie zufällig die Kammer, in der Katharinas Wäsche hing (manchmal auch Susannas, seit Katharina eine Waschmaschine besaß). »Nein, nein«, sagte Katharina, die diesmal ihre Wäsche, weil Jonas ihr im Spiel Stück für Stück umständlich zugereicht hatte, mit kurzweiliger Sorgfalt aufgehängt hatte. Ada umarmte, lobte sie: Endlich war Katharina auf ihre Forderung nach mehr Ordnung eingegangen. Katharina war außerstande, das Mißverständnis aufzuklären, wie es ihr überhaupt immer so vorkam, als spräche ihr Ada jeden Wert ihrer Handlungen ab, wenn sie sie lobte, weil jedes Lob seine Geschichte hatte, und diese Geschichte war vierzigjähriges Mäkeln, Tadeln, Herunterschrauben.

Endlich ging Ada, an der Hand Jonas, der, immer ganz er selbst, ein Tuch Katharinas um die Babylenden geschlungen, mit der Großmutter schäkerte, sie zum Lachen brachte, und so von Tag zu Tag ein wenig mehr die biedermeierlichen Lebensgewohnheiten der Siebzigjährigen untergrub.

Katharina ging auf den Balkon und sah auf das ungleiche Paar herab, das aus der Haustür trat, beide asymmetrisch, was ihre Gangart betraf: Ada, weil die Arthrose in Knie und Hüfte jeden ihrer Schritte schmerzhaft machte, Jonas, weil er die Füße mit den Zehenspitzen aufsetzte, als wollte er zum Fliegen abheben. Sie sah Ada schlank, gut gekleidet, schön, geduldig das blödsinnige meterlange Auto hinter sich herziehen, auf dem Jonas Platz nahm, nachdem er sich (wobei er fast nach hinten fiel) nach oben gewandt und zu Katharina hinaufgewinkt hatte. Nun winkte auch Ada, und das Gewinke, von Katharina bis vor kurzem noch so gehaßt, riß nicht ab, bis beide um die Straßenbiegung verschwanden. Es war offensichtlich, daß Jonas solche zeremoniellen Gesten liebte (und vermutlich hatte auch Katharina sie früher geliebt), ebenso, wie er gerne grinsend Kußhände einstreute (wobei er allerdings den umgekehrten Weg vorzog, nämlich, erst die Hand auszustrecken und sie dann auf den Mund zu legen und zu küssen, den Kuß gewissermaßen bei sich behaltend).

Das Zeremoniell, bei dem es Katharina warm ums Herz wurde, war kaum beendet, als das Telefon schrillte. Es war Martha von Uslar, Katharinas Großmutter, eine immer noch selbständig lebende Dame von bald neunzig Jahren, die, wie jedes Mitglied der Frauenfamilie, separat wohnte, ein paar Straßen von Katharina entfernt, noch selbst ihre Wäsche in den Waschsalon trug und mangelte und eigenhändig ihre Fenster putzte. »Ist Ada noch da?« Sie gab vor, hinter Ada herzutelefonieren, und benutzte dazu ihre hohe Telefonstimme. »Ich habe gestern ein so wunderschön bemaltes Holzkästchen aus meiner Zeit gesehen, aber es ist sehr teuer, und ich wollte sie fragen, ob ich es kaufen soll.« Katharina verstand, daß Martha von ihr unterstützt werden wollte. Sie kannte Marthas Vorliebe für Kästchen, in denen Kästchen lagen und so fort (ihre Schubladen waren voll davon, und alles lag da, ineinander verschachtelt, wohlgeordnet und leserlich etikettiert), und redete Martha zu, dies *seltene Stück* zu erwerben. Doch Martha, die anständig von ihrer Oberstleutnantspension leben konnte, war durch Adas Bevormundungen (»das brauchst du doch nicht mehr«) teils beunruhigt, teils fand sie auch darin dankbar Vorwände für Gespräche.

»Außerdem brauche ich Ada dringend, damit sie mir einen Brief für die Versicherung entwirft. Stell dir vor, von meiner letzten Kur, für die ich sage und schreibe 1200 Mark bar auf den Tisch gelegt habe, wollen die nur 186,63 Mark ersetzen! Es ist eine Unverschämtheit. Da zahlt man seit sechzig Jahren und finanziert diese Glaspaläste, damit da Tausende von Arschhockern bei Klimaanlage und mit Telefon herumsitzen. Monatlich 245 Mark, und das kommt dabei heraus. Ich werde nun meine letzten Patronen verschießen müssen und einen Brief an die Dachorganisation schreiben, damit die mal eins aufs Dach kriegen.«

Katharina lachte, auch über Marthas unerschütterlichen Glauben, daß jede Institution von einer militärischen Spitze geleitet sei, die ein Brief Marthas persönlich träfe. Marthas zahlreiche *Akten*, die ihre Korrespondenzen mit Zahnärzten (denen es nie gelingen würde, die gleiche Zahnqualität nachzubilden, die Marthas Naturzähne besessen hatten), Versicherungen, Stadtverwaltungen, Friedhofsverwaltungen und dem Offiziersbund enthielten, hatten den vier Frauen schon zu manchem lustigen Nachmittag verholfen.

Doch Martha war mit alldem nicht erfolglos. So hatte sie es kürzlich, nach zahlreichen Eingaben an die Stadtverwaltung, immerhin erreicht, daß ein wackliger Steinsockel am Zaun des nahegelegenen städtischen Kindergartens durch einen neuen ersetzt wurde. In ihrem letzten eingeschriebenen Brief hatte Martha als »Witwe des Generals von Uslar« dem Bürgermeister persönlich gedroht, ihn haftbar zu machen, wenn ein Kind zu Schaden käme.

»Du kannst Gott danken, daß du deine Mutter hast, die dir so aufopfernd hilft«, sagte Martha, »sie tut ja alles für den Kleinen, und das, obwohl sie so schlecht beisammen ist, die Ärmste, und laß dir halt mal auch von ihr etwas sagen.« Katharina begriff, daß dem letzten Satz eine Klage Adas zugrunde lag. Sie kannte die Art, wie Ada und Martha ihren Part mit verteilten Rollen spielten, wobei jede der anderen einen Vorwurf über Katharinas Verhalten übermittelte, mit der stillschweigenden Verpflichtung, ihn Katharina zukommen zu lassen.

»Ja, schon, ich meine, ich glaube schon, sie tut wirklich viel für uns, und Jonas, ja, der hat sie ja auch wirklich gern, aber trotzdem, ich denke, sie soll sich ja auch nicht übernehmen, und außerdem, man muß halt bei ihr doch, ich meine, man muß bei ihr immer ein bißchen achtgeben, du weißt schon, was ich meine, und schließlich sind wir halt jeder sehr verschieden, aber ich bin schon froh ...«

»Ich habe gestern übrigens für Jonas ein Badehöschen gekauft«, sagte Martha. »Es ist an der Zeit, daß dem Kind das natürliche Schamgefühl eingeimpft wird.« Anders als bei Ada gelang es Katharina bei Martha gelegentlich auch zu schweigen und die Moral, die jene vertrat, nicht anzugreifen. Katharina dankte für das Geschenk und wartete auf den nächsten Vorstoß, der vermutlich das Religiöse betraf. Ihre Erwartung wurde erfüllt: »Was mache ich nun mit dem wertvollen handgestickten Taufkleidchen, das ich noch von meiner Mutter habe?« Katharina überhörte, was dahinter stand, und riet, es aufzuheben, diese Kostbarkeit, und auf keinen Fall der Caritas zu spenden, dankte für die neueste Katastrophensammlung von Zeitungsausschnitten, die Martha ihr geschickt hatte, und lenkte ab auf Ada: War etwas auszurichten?

»Rede ihr zu, daß sie zum Abendessen kommt«, forderte Martha herrisch. »Sie ißt zu wenig, die Frau wird ja klapperdürr. Gestern hat sie mir abgesagt, vorgestern hat sie mir abgesagt. Aber ich weiß ja, daß sie kommen will. Ich brauche ihre Rücksicht nicht. Solange ich kochen kann, koche ich.«

Katharina blätterte in ihrem Notizbuch und rief Ella an, auf der Suche nach einer Freundin, die nicht fest arbeitete und Jonas vielleicht für eine Stunde übernehmen konnte. Ellas träger Tonfall machte deutlich, daß ihre Reise nach innen voranschritt und immer weniger mit ihr zu rechnen war. »Weißt du, was er mir für eine Botschaft zukommen ließ?« sagte Ella.

»Er« war Ellas Guru, den sie seit einem Jahr in regelmäßigen Abständen in Indien aufsuchte und mit dessen Hilfe sie ihr Leben ändern wollte.

»Follow your feelings«, antwortete Ella, »das gilt auch für dich.«

Katharina, die in diesem Augenblick keine Zeit hatte, ihren widersprüchlichen Gefühlen zu folgen, lehnte die zweite religiöse Anwerbung an diesem Morgen ab und verschob den Gedanken, wie man es wohl lernen konnte, einen Happen von einer Glaubensnahrung zu bekommen, auf später. Sie rief Gisa an, die Katharina mit einem Wortschwall überschüttete und zwanzig Minuten lang ohne Pause darüber sprach, daß *»dieses«* biologische System ein evolutionärer Irrtum sei, daß es ja auch bei Tieren und Pflanzen zweigeschlechtliche Wesen gebe, daß es immer noch die Männer seien, die über die Erde herrschten, und daß Frauen nie den Gott und den Krieg erfunden hätten, sondern ihre Götter, die seien immer die Kinder geworden, sie sprach von der grauenhaft zunehmenden Anhäufung industriellen Reichtums in Männerhänden und davon, daß das weibliche Prinzip in der harmonischen Unordnung liege, im Gegensatz zum männlichen, das im pedantischen Chaos bestehe. »Wir müssen sofort damit anfangen zu verändern, jedoch, ohne Macht anzustreben; wir müssen einen anderen Weg finden, vielleicht, indem wir verweigern, indem wir damit anfangen, keine elektrischen Eierkocher zu kaufen ...«

Katharina, Spiralnebel im Kopf, legte auf, sah auf die Uhr. Blieb nur noch Lola, bei der ständig belegt war, weil sie, wie sich später herausstellte, bei anderen Frauen Erkundigungen über einen Mann einzog, von dem sie nichts wußte, obwohl sie (wie jene anderen Frauen auch) eine Nacht mit ihm verbracht hatte, und die es nun unerklärlich fand, warum er so plötzlich, während sie das Frühstück zubereitete, verschwunden war.

Es war in der Tat etwas Komisches an ihren Frauenfreundschaften: Die meisten ihrer Freundinnen waren in einem Zustand ständiger Auflösung und Zerfallenheit mit sich selbst. Sie kämpften einen erbitterten, jahrelangen Kampf darum, eine andere zu werden. Manche scheiterten an den zu vielen Worten und manche an den Männern, deren Unveränderbarkeit in der Tat etwas Exotisches anhaftete, manche am Selbstmitleid. Manche liefen Gefahr, sich an Symptome zu verlieren, andere wieder suchten seit Jahren die Veränderung, indem sie sich auf den Grund gingen. Geblieben waren Schrumpffrauen, deren Stimmen einander in fataler Ein-Tönigkeit glichen, und in deren Gesichtern die gleiche uneingestandene Sehnsucht danach, *eine* Hand zu halten; Frauen, deren Kraft, sich täglich neu auseinanderzunehmen und wieder zusammenzusetzen, allmählich abnahm, oder andere, die langsam, auf schleimiger Kriechspur, den Weg zu einem Mann einschlugen, den sie mit jedem Satz verrieten. All das war eine Frage der Energie in einem Leben, wo rundum der Schwung abnahm und wo jeder vor sich hinschlingerte in seiner kleinen Eigendynamik und sich in einen Strudel hineinziehen ließ, um nicht schutzlos einfach fortgeschwemmt zu werden.

Es war eine Frage des Respekts, sich im Spiegel anzusehen ohne allzugroße Verwunderung. Vielleicht hatte sie zu lange Zeit schweigend vor ihrem Bild verharrt, weil jetzt alles über ihr so zusammenschlug. Und sie sah in ihre Augen und kam erst wieder zu sich, als ihr schwindelte, weil sie ineinandergeflossen war mit ihrem Spiegelbild. Vierzig Jahre lang siehst du in den Spiegel und zerbrichst dir den Kopf über dich und versprichst dir dein Paradies, schiebst es auf morgen, und du liebst dich – weil du noch lebst –, obwohl es immer noch vor dir liegt. Du siehst dich in deinen Augen zurück zum Kind und vor zu der alten Frau, die du einmal sein wirst. Du siehst, daß es immer noch in dir schläft, was einmal erwachen wird, und bist froh, daß dein Blick noch nicht aufgegeben hat zu hoffen.

Katharina fand sich vorübergehend ab mit der Unverläßlichkeit ihres äußeren Bildes, die zunahm, je älter sie wurde. Es verging eine Zeit, in der sie unschlüssig ihr Haar und das blasse Gesicht ansah. Dann zog sie sich selbst am Schopf aus dem Spiegelsumpfkabinett und beschloß, das gläserne Bild durch eins aus Beton zu ersetzen und die nächsten zwei Stunden ihre Arbeit für das Allerwichtigste auf der Welt zu halten. Sie schob den dazwischenfahrenden Gedanken, daß das recht arrogant sei, in den hintersten Winkel ihres Gehirns, wählte abermals eine Zwei und legte den Hörer neben den Apparat; sie stopfte Watte in ihre Ohren, um nicht das Baugetöse auf der anderen Straßenseite zu vernehmen, und verschloß die Augen vor dem dörflich anmutenden Kirchturm gegenüber und dem Haus, in dem ein Freund, der Vater eines Pyromanen, und eine Freundin, die Mutter eines weiblichen Clowns, wohnten – Nachbarn, mit denen sie abends Lichtsignale austauschte. Sie wandte ihren Blick von der Straße, auf der gerade Kindergartenzöglinge in Zweierreihen vorbeischritten. Sie verschloß die Nüstern vor dem Abgasgeruch, der durch die undichten Fensterritzen einströmte, zog ihre Poren zusammen, um nicht die Giftpartikel eindringen zu lassen, und nahm ihr einfaches Werkzeug, die Feder, zur Hand.

Katharina hatte ihr Schreibeland, ein großes Zimmer in ihrer Vierzimmerwohnung mit den vier

Meter hohen, goldgelb gestrichenen Wänden, die in der Morgensonne aufleuchteten, so eingerichtet, daß sie sich darin wohl fühlte. Ihre Wohnung im obersten Stockwerk eines achtzig Jahre alten Hauses, in der sie acht Jahre lang zusammen mit Hartmann gewohnt hatte, war nach der Scheidung heruntergekommen. Leergeweint, damit beschäftigt, ihr gebrochenes Herz zu heilen und die Fehlschläge ihrer Ehe aus dem Kopf zu verbannen, hatte sie voreilig ihre Wohnung zu einer Wohngemeinschaft umgestaltet. Ein Jahr lang lebte sie mit Ella und Frantz, der ihr an einer U-Bahn-Haltestelle zugelaufen war, zusammen, und auf den Wänden wuchsen Menetekel, wenn sie mit ihren Gästen und Kebsmännern aus Hartmanns Gefäßen trank. Frantz' Hände schrieben an die Wand, gegen die sie anschrieb mit den dickschwarzen Lettern »ich bin ich«, und später, als sie auszog, damit Frantz auszog, und als Iris, die Ärztin, sein Zimmer einnahm, wurden alle Wände zu Steckwänden, gezählt, gewogen und geteilt das weibliche Leid: Ella, Iris, Katharina – bis sie sich durchrangen zur parolenhaften Anerkennung wie »ich mag dich« und dann »ich mag mich«, bis schließlich die Malerkolonne grinsend ihre Vergangenheit mit Spachtelkitt versiegelte und mit Zweifachfarben übermalte.

Seit drei Jahren lebte sie mit einem Untermieter zusammen, der höflich die Entfernung hielt und der nun auszog, da es ihr möglich war, die Wohnung allein zu unterhalten. Sein Zimmer, das auf der anderen Seite des Flurs lag, sollte nun Jonas bekommen. Es hatte lange gebraucht, aber Katharina hatte nun gelernt, die Wohnung zu ihrer eigenen zu machen und sie nicht dafür verantwortlich zu machen, wenn sie nicht fertig geworden war mit ihren Erinnerungen an Hartmann. Sie hatte den Rahmen, den er der Wohnung gegeben hatte, durch ihren eigenen ersetzt, und so war es nun eine andere Wohnung geworden, weil *sie* eine andere geworden war. Sie hatte die Räume, zum erstenmal in ihrem Leben, so eingerichtet, wie sie es liebte, sparsam, mit den schweren, herrenzimmerartigen Möbeln ihrer Urgroßeltern aus schwarzgebeizter Eiche mit dunklem Leder. Sie schlief in dem riesigen Mahagonibett, in dem ihr Vater sie gezeugt hatte. Ihr Schreibtisch, ein großräumiges Möbel mit Rindslederplatte, war der Tisch ihres Urgroßvaters, von dem aus er seine Lederwarenfabrik dirigiert hatte.

Die Wohnung hatte große, leere Flächen, neben denen es tropisch wucherte, bequeme Plüschplätze und einen riesigen Flur, geeignet für Jonas' Autofahrten. Die Möbel waren gepflegt und gut erhalten, weil die Mütter sie täglich poliert hatten.

Die rechte Hälfte der Schreibtischfächer war angefüllt mit Heften, Tagebüchern, Notizen. Dem Schreibtisch gegenüber stand ein Aktenschrank mit geschliffener Glasfront, hinter der sie ihre Projekte und Exposés aufbewahrte. In einer silbernen Schatulle hatte Katharina alte Zettelchen aufbewahrt, die Liebesbeweise ihrer Freunde enthielten und in denen sie manchmal stöberte.

Die Breitseite des Arbeitszimmers nahm eine vier Meter lange Fotofolge ein, die Katharinas Leben von ihrer Geburt an in Stationen festhielt und weiter zurückführte bis zu ihren Urgroßmüttern. Über ihrem Schreibtischstuhl, der solide und massiv aus einem Stück Eiche geschnitten war, mit Ledersitz und Seitenlehnen, und in dem man Stunden verbringen konnte, ohne gekrümmt zu sitzen, hing eine alte Daguerreotypie, auf der ihre fünfjährige Großmutter Martha und deren weißbärtiger Großvater abgelichtet waren, der einen Totenschädel in der Hand hielt. ›Das Alter, die Jugend und der Tod‹ stand in Kurrentschrift gedruckt darunter.

An der Wand gegenüber die Abbilder ihrer Frauengeschichte: die Großmutter Martha, 89, verwitwet, adelige Hausfrau; die Mutter Ada Bebra, 70, geschieden, Hausfrau, Sekretärin, heute Geschäftsführerin in einem Puppenladen; sie selbst, Katharina Bebra, 40, Dr. phil., Journalistin, Schriftstellerin, geschieden von einem Schriftsteller, ein lediges Kind. Daneben hatte Katharina die regenbogenfarbenen Zelte ihrer Träume und Sehnsüchte aufgeschlagen. Phantastische Gemälde eines Geisteskranken, der seine lüsterne Fracht an andere Ufer übersetzte; Narrenschiffe, auf deren Masten apokalyptische Wesen flüchteten; ein plastisches Planetarium, wo in den Nachthimmel jeder Stern eingeschraubt war, damit er nicht herabfallen konnte; eine ornamentale taoistische Darstellung vom ›Kampf des inneren Gemachs‹ und ein Kupferstich ›Leda und der Schwan‹, den Katharina mit einem Schleier, in den winzige Sterne aus getriebenem Silber eingearbeitet waren, bedeckt hatte.

Katharina, die sich schon als Kind nicht hatte entscheiden können, ob sie Schriftstellerin werden wollte oder Mätresse, spürte ein flutartiges Ansteigen der Lüste beim Anblick des Bildes, doch ebenso stark war der Sog, der von ihrer Arbeit ausging, und sie holte sich Ruhe vom Bild des Eremiten und arbeitete die ihr verbliebenen zwei Stunden, weil hier und jetzt geschehen mußte, was zu keiner anderen Stunde geschehen konnte. Sie hatte Glück und stand fest in ihrer Arbeit, bis es Zeit war für einen längst fälligen Behördengang. Sie kleidete sich rasch an und rannte die hundertvierundvierzig Stufen hinunter und schwang sich aufs Rad, fuhr, sprang ab, wartete den Aufzug nicht ab, sondern nahm die zwei Stockwerke in einem Schwung, betrat das Zimmer eines freundlichen Sozialbeamten, um ihm mitzuteilen, daß sie hinfort, gottlob, nicht mehr die Hilfe des Staates in Anspruch nehmen mußte, dankte, lief, schwang sich aufs Rad, eilte, da es Luxus war, die Treppe mit leeren Händen hochzugehen, in eine Apotheke und schlingerte mit zwei Windelkartons à sechzig Stück heimwärts. Sie sah, daß Jonas' Automobil bereits vor der Haustür parkte, und rannte atemlos die Treppe hinauf, schloß auf, nahm Jonas, der ihr entgegenrannte, in die Arme und ertappte Ada, die über ihren Schreibtisch gebückt stand und zurückprallte.

Oh, wie sie sie gleichzeitig verstand und verabscheute, diese Grenzüberschreitungen, weil sie sehr wohl wußte, daß sie sich Ada vorenthielt, dennoch, diese früheren Versuche, ihre Tagebücher zu lesen, ihre Briefe zu öffnen! Versuche, die ihren Erfindungsgeist mobilisiert hatten: die zahllosen Verstecke, die notwendig gewesen waren, bis sie, die Schülerin, das Tagebuch am Ende ins Ofenrohr einzwängte und geschwärzt wieder hervorzog!

Katharina sagte nichts, doch war es Adas Gesicht und Haltung abzulesen, was sie dachte: Das ist nicht *meine* Katharina, die das geschrieben hat, und Katharina lachte Jonas an und tat, als träfe sie es nicht – da schoß Ada einen neuen Pfeil ab: »Heute sind deine Haare aber schön«, was hieß: zurückhaltend, nicht zu rot und nicht zu dunkel, ganz nach Adas Geschmack frisiert und ganz im Gegensatz zu sonst, zu *immer*. Dennoch mußte in ihrem Blick etwas gelegen haben, das Ada hastig fortfahren ließ: »Ich sage es unumwunden, ob es mir gefällt oder nicht. Du selbst hast mich dazu aufgefordert, nicht einfach zu schlucken, was mir mißfällt, also darf ich doch einmal sagen, was mir gefällt, oder darf ich auch das nicht mehr?« Wie rasch es ging, daß sie einander so unerquicklich wurden – Katharina hatte kaum das Zimmer betreten, und schon nahmen sie sich schlecht miteinander aus.

»Jonas hat wenig gegessen«, klagte Ada. »Wenn *du* schon nicht zum Kinderarzt gehen willst, so gestatte es wenigstens mir, ich will das gerne übernehmen.« Katharina schüttelte den Kopf und lehnte den Vorschlag ab, obwohl es ein Fortschritt war, daß Ada nicht mehr, wie sie es früher getan hätte, ungefragt mit Jonas den Arzt aufsuchte. Doch welche Furcht es immer wieder in ihr auslöste, dieses ständig besorgte mütterliche Kopfschütteln, als dürfe es nicht so sein (was doch so war), daß es Jonas an nichts fehlte.

Um anders mit Ada umzugehen, lobte Katharina das genähte Höschen, belohnte die Tatsache, daß Ada allein den *extra frisch zubereiteten* Karottenbrei und das *so sündhaft teure* Tatar hatte essen müssen, mit einem ihrer Seidenschals, den sie spontan unter dem Durcheinander hervorzog. Ada übertrumpfte sie mit zwei schönen indischen Armreifen, von denen sich Katharina dankend sogleich einen über den Arm zog, woraufhin Ada vorwurfsvoll feststellte, daß Katharina der andere wohl nicht gefiele. Katharina streifte auch den zweiten Armreif über und lobte Adas Verhalten am Spielplatz, die ihr berichtete, wie sehr das Eigentumsdenken bereits in den Zweijährigen gezüchtet werde durch das falsche Reagieren der Mütter, mit denen sie sich in eine Diskussion über Erziehungsfragen eingelassen hatte. Adas Meinung zu vielem war Katharina einsichtig und erschien ihr richtig, doch jeder Bericht forderte ein so uneingeschränktes Rühmen und Preisen, daß jedes Lob wertlos zu werden schien.

»Ich habe die Zeitungsausschnitte auf den Schreibtisch gelegt«, sagte Ada und lieferte damit beiläufig eine Erklärung für die Haltung nach, in der Katharina sie angetroffen hatte, »ein Artikel handelt von den zunehmenden Verhaltensstörungen bei Kindern, einer von den kindlichen Schäden bei übermäßiger Sonnenzufuhr, und der dritte, den zu lesen ich dir dringlichst rate, mahnt ausdrücklich, den Anfängen zu wehren, wenn ein Kind stottert. Ich lasse Jonas jetzt jeden Satz, den er stotternd vorbringt, nochmals ruhig und langsam nachsprechen und habe mit einer Strichliste begonnen, wie oft er stottert, wenn ich ihn habe.«

Ada holte die Liste hervor, die für heute fünf energische Striche aufwies. Jonas, der vor zwei Wochen eruptiv das Sprechen entdeckt hatte, neigte dazu, sich zu viel vorzunehmen. In rauschhafter

Begeisterung über das Neuland Sprache konnte er sich oft nicht entscheiden, was er zuerst sagen wollte, und stotterte, was Katharina erklärlich, keineswegs krankhaft und eher von beabsichtigter Komik erschien. Sie war sicher, daß er sehr wohl wußte, daß es Banane hieß und daß er es vorzog, *Bananananane* zu sagen, weil das Wort so länger und schmackhafter auf der Zunge lag. Sie dankte für die Fülle der philiströs zweifarbig angestrichenen Katastrophen-Dokumente – darin war Ada die gelehrige Tochter der Kassandra Martha – und versuchte, Wärme in ihre Worte zu legen.

»Bist du denn vorangekommen«, fragte Ada, »du hast nicht einmal die Waschmaschine abgestellt. Dafür nehme ich dir das Kind nicht ab, daß du nicht einmal dazu kommst ...« Katharina hörte den Rest nicht mehr, sondern lief zur Waschmaschine und hängte die Wäsche auf, Jonas und Ada im Gefolge. Sie spürte Adas zurückgestaute Räsonierlust, als sie die Wäsche wie immer aufhängte, jedes Stück mit nur einer Wäscheklammer notdürftig und rasch befestigend, und duldete Adas Ellenbogen, der sie beiseite schob: »Laß mich das mal machen«, sagte Ada, deren Stimme vor lustvollem Leiden vibrierte, »bring du das Kind ins Bett. Was ist denn das?« Sie hob den anstößigen Fremdkörper, eine Unterhose Walters, spitzfingrig in die Höhe und hängte sie achselzuckend auf.

Katharina nuschelte etwas vor sich hin, das nicht zu verstehen war, und doch schien es ihr, als wäre es zu verstehen und als hätte sie lauthals herausgeschrien: Ada, das geht dich nichts an. Es war eine stillschweigende Übereinkunft, daß Ada dergleichen nicht immer vernahm, denn so herrisch sie auftrat, so schnell brach sie auch zusammen, zersplitterte wie ein Stück Eis, das man gegen eine Mauer warf, so brüchig war ihre angenommene Härte.

Katharina legte den von Ada sorgfältig präparierten, frisch gewandeten, neu umwundenen, gesäuberten, bestäubten, gesalbten Jonas ins frisch bezogene Bettchen. Sobald er lag, bekam sein Blick etwas Starres, Abwesendes, als sei er schon unterwegs zu seinen Träumen, die keine Alpträume zu sein schienen, denn er hatte bislang im Schlaf noch nie geschrien. Katharina schloß behutsam die Tür hinter dem Kostbarsten, das sie nie sättigen sollte, diesem Sonntagssohn mit wünschlichen Gedanken, der eine Blume in seiner Tasche trug.

Sie ging hinüber ins Zimmer, wo ihre Mutter saß und auf sie wartete, entschlossen, ihr zum Abschluß etwas Freundliches zu sagen. »Ähnlicher wird er dir von Tag zu Tag, das Goldkind« – und Katharina nahm die Liebeserklärung an sie, die auch dahinterstand, entgegen. Sie wußte, wieviel an Jonas Jonas war, und brauchte nicht zu widersprechen. Sie nickte lächelnd und hatte nicht das

Gefühl zu lügen; sie küßte Ada und wurde, als Ada die Wohnung verließ, wieder zu jener Frau, die sie sein wollte – eine andere jedenfalls als Adas Tochter.

Elfriede Brüning
Himmel auf Erden

Punkt halb drei jeden Nachmittag stieg die alte Frau Grimma die Treppe zu ihrer Mansarde hinauf, die ihr die Kinder im ersten Stock ihres Einfamilienhauses eingeräumt hatten. Bis dahin hatte sie immer unten in der Küche zu tun. Der Tag begann früh für die alte Frau. Kurz nach sieben hörte man die zwei Gehilfen in der Werkstatt rumoren, und wollte die alte Dame nicht riskieren, ihnen zerzaust, ungewaschen unter die Augen zu kommen, mußte sie rasch, bevor die jungen Grimmas sich regten, unten in den Waschraum schlüpfen. Einoder zweimal hatte sie dennoch den Zeitpunkt verpaßt, und Werner, ihr Sohn, hatte ungeduldig an der Klinke gerüttelt. »Beeil dich doch, Mutter!« Hinter ihm stand schon Irmchen, die Schwiegertochter. Mit einer einzigen Armbewegung zog sie den Vorhang hinter sich zu, der den Flur von dem Werkstatt-Trakt trennte; die Schwiegertochter tat immer genau das Notwendige. »Wir können Muttchen doch eine Waschschüssel ins Zimmer stellen«, schlug sie freundlich vor. Noch am selben Tag zerrte sie eine bereits ausrangierte Blechschüssel aus der Versenkung hervor, und nun konnte die alte Frau sich oben in der Mansarde waschen. Dazu mußte sie allabendlich den Wassereimer hinauf- und allmorgendlich das Schmutzwasser wieder hinuntertragen. Doch Arbeit war sie gewohnt, und sie beschwerte sich nicht. Seit fünfzehn Jahren lebten sie in diesem Haus zusammen, drei Generationen unter einem Dach, und nie hatte es zwischen ihnen die geringste Verstimmung gegeben. »Streit kennen wir nicht«, behauptete die Schwiegertochter, falls irgendwann von einem Kunden geäußert wurde, daß Jung und Alt nicht zusammenpaßten. »*Wir* verstehen uns ausgezeichnet«, fügte sie regelmäßig hinzu und sandte einen beifallheischenden Blick zu ihrer Schwiegermutter hinüber, die sich beeilte, ihr zuzustimmen.

Obwohl ... Sie war ihrem Sohn nicht gerade um den Hals gefallen, als er vor Jahren auf sie einredete, doch die eigene kleine Wohnung aufzugeben und zu ihnen zu ziehen. Werner hatte damals billig das Vierzimmerhaus erwerben können und wohnte mit seiner jungen Frau noch allein darin; nun befürchtete das Paar täglich eine Zwangseinweisung durch das Wohnungsamt. »Das kannst du doch nicht zulassen, Muttchen!« beschwor er sie. Die alte Frau Grimma verstand ihn. Werner hatte gerade erst auf Fernsehmechaniker umgeschult und sich in der Stadt neu etabliert – keinesfalls konnte er es jedoch riskieren, daß ein Unbefugter die Nase in seine Werkstatt steckte. Ohne Werners regelmäßige Abstecher nach Westberlin, mit denen er dem chronischen Ersatzteilmangel zu Leibe ging, hätte er sich in der neuen Branche gar nicht behaupten, geschweige denn auf einen grünen Zweig kommen können! Frau Grimma gab also ihren letzten Widerstand auf, ließ liebgewonnene Gewohnheiten fahren, nahm schmerzlichen Abschied von Alma, ihrer Jugendfreundin, mit der sie über zwanzig Jahre Tür an Tür gewohnt hatte, und zog zu Irmchen und Werner ans andere Ende der Stadt. Damals war sie fünfundsechzig und noch sehr rüstig gewesen.

Im Alter, sagt der Volksmund, zählt jedes Jahr doppelt. Die alte Frau hatte über diese Drohung immer nur kichern können. *Sie* focht das Alter nicht an, das Leben zu dritt in dem Haus erwies sich als ein reines Schlaraffendasein. Natürlich trachtete sie danach, sich nützlich zu machen; niemand sollte ihr nachsagen, daß sie ihr tägliches Stück Brot nicht verdiente. Sie hielt Stuben wie Werkstatt auf Hochglanz, schrubbte die Treppen, rutschte mit ihren Knien auf den Fliesen herum und verhalf ganz nebenbei Werner, ihrem Einzigen, allein durch ihr Da-Sein dazu, dem Wohnungsamt eine lange Nase zu drehen! Aus reiner Dankbarkeit hatte er ihr beide Kammern in der oberen Etage abgetreten; sein Muttchen sollte einen Schlaf- und einen Wohnraum haben. Sie fühlte sich wie im Himmel. Das eine Zimmer hatte sie dann doch bald wieder räumen müssen, da sich die

Familie vergrößerte. Ein Kind kam ins Haus. Irmchen wußte damals schon, daß sie nie ein eigenes Kind haben würde – sie wollte aber sosehr gerne Mutter sein. Daher ging Werner mit seiner Frau, der er keinen Wunsch abschlagen mochte, in ein Kinderheim, und Irmchen pickte sich genau das Bürschchen heraus, das allein infrage kam: den kraushaarigen Wolf-Dieter mit blauen Veilchenaugen, der seit seiner Geburt im Heim war und um den sich nie eine Menschenseele gekümmert hatte. Übers Jahr wurde Wolf-Dieter von dem Paar adoptiert. Irmchen hatte nun endlich ihre Mutterpflichten, und Werner sah wohl damals schon in dem Dreikäsehoch den späteren Gehilfen und sogar den Erben für seinen Betrieb.

Niemand hätte damals bereits die Entwicklung der Branche vorausahnen können. Seinerzeit steckte das Fernsehgeschäft noch in den Kinderschuhen. Die Produktion hinkte jämmerlich hinter dem Bedarf hinterher, und nur Privilegierte mit irgendwelchen Bescheinigungen konnten ein Gerät ergattern, während das Gros der Anwärter sich Monate, ja Jahre gedulden mußte. Werner, dem in der Stadt der Garantiedienst oblag, konnte die anfallenden Reparaturen noch gut und gern im Alleingang bewältigen. Dies änderte sich jedoch schlagartig, fast über Nacht! Auf einmal standen in allen Verkaufsstellen so viele Fernsehgeräte, daß die Kundschaft sie sogar kaufen, nicht nur anstarren durfte. Nicht einmal das Abstottern war länger verpönt. Die Bevölkerung nutzte die Chance (wer weiß, wie lange das Angebot anhielt), und auf den Dächern der Häuser wuchsen die Antennen zu struppigen Wäldern zusammen. Werner, der einzige Service-Mann, kam kaum noch aus den Kleidern heraus. Nicht nur in der Werkstatt, sondern auch im Flur und auf der Treppe stolperten die Hausbewohner über Fernsehgeräte, denen man die inwendige Krankheit nicht ansah. Auf Werners Schreibtisch türmten sich die liegengebliebenen Abrechnungen zur Pyramide. Werner stellte einen Gehilfen ein, gleich darauf den zweiten – beide waren bei Irmchen in Kost. Doch Irmchen hatte sich unversehens, um Werner zu entlasten, von einer »Nur-Hausfrau« in ein »mitarbeitendes Familienmitglied« verwandelt und vertauschte den Platz am Kochherd mit dem am Telefon. Sie stritt mit säumigen Lieferanten, beschwichtigte erboste Kunden, notierte Termine oder kritzelte lange Zahlenkolonnen in verschiedenfarbige Hefte, deren eines mit der Aufschrift INTERN (das nicht fürs Finanzamt bestimmt war) sie nach Gebrauch hastig wieder in die unterste Schublade schob. Über all dem Neuen vergaß Irmchen mehr und mehr ihre Mutterpflichten, und Wolf-Dieter, der elterliche Liebe nur so kurz hatte kosten dürfen, wurde zum verhätschelten Oma-Kind.

Nun, die alte Frau Grimma hatte getan, was sie

konnte – wahrhaftig! Sie hatte weiter die Böden gescheuert, wenn auch nicht ganz so hingegeben wie sonst, weil Wolf-Dieter ihr dauernd in die Quere kam. Sie setzte das Jüngchen aufs Töpfchen, jonglierte mit dem Topfinhalt um die invaliden Geräte herum, um ins Klo zu gelangen, scheuchte Wolf-Dieter bei ihrer Rückkehr vom halboffenen Fenster herunter (das Herz hatte ihr dabei vor Entsetzen bis zum Hals geschlagen!); sie kochte, und sie wusch die sogenannte kleine Wäsche, zu der auch die Arbeitskledage der drei Männer gehörte, die keine der Großwäschereien hatte annehmen wollen. Als sie eines Tages, unfähig sich zu rühren, liegenblieb, sprach Werner ein Machtwort: »Eine Haushaltshilfe muß her. Muttchen kann die Arbeit nicht mehr alleine schaffen.« (Schließlich war sie inzwischen über siebzig.) Das Kinderheim war damals gerade dazu übergegangen, einige Mädchen, die sich als »anstellig« und »gefügig« erwiesen hatten, in Haushalte zu vermitteln – in gutbeleumdete, versteht sich. Werner bewarb sich und kam glückstrahlend mit der fünfzehnjährigen Rosa an. »Von jetzt an ist Muttchen entlastet«, sagte er aufatmend zu Irmchen, und Irmchen erzählte den Kunden, was für eine gute Lösung sie gefunden hätten, und die Kunden erzählten es wiederum anderen Kunden. Bald hieß es im ganzen Städtchen (denn die Grimmas waren durch ihren Service überall bekannt und beliebt):

»Die alte Frau Grimma hat sich ja nun den Haushalt vom Halse geschafft. Sie versorgt nur noch den kleinen Jungen, na ja ...«

Die alte Frau stand jedoch nach wie vor als erste auf. Die beiden Gehilfen wollten kurz nach sieben ihr erstes Frühstück haben, Kaffee und zurechtgemachte Stullen mit Wurst (aus Trägheit hätten sie sich die Happen am liebsten in den Mund schieben lassen). Waren die Burschen wieder draußen, setzten sich Irmchen und Werner an den Frühstückstisch, auch sie wünschten frischgebrühten Kaffee, sie hatten bloß noch auf die knusprigen Brötchen gewartet, die Rosa von unterwegs mitbrachte. Rosa wohnte weiterhin im Kinderheim, weil die Grimmas im Haus keinen Platz für sie hatten. Wenn sie morgens antrat, schickte die alte Frau Grimma sie eilends einkaufen – natürlich erst, nachdem sie ausgiebig gefrühstückt hatte; zu allen übrigen Arbeiten erwies sie sich als ungeeignet. Rund und rotwangig saß sie mit den anderen am Küchentisch, kaute mit vollen Backen und überließ es seelenruhig der alten Frau, aufzuspringen und die leergewordenen Tassen zu füllen oder etwas aus dem Kühlschrank zu holen oder Brot zu rösten – Irmchen hatte zuweilen Gelüste wie eine Schwangere. Dann schepperte die Ladenklingel, und Werner schoß hinaus, schleppte die Kundengeräte in den Werkstattraum, alles Weitere war Sache seiner Gehilfen, während er sich selbst ans

Steuer seines »Wartburg« setzte, seines »Fiat« oder »Shiguli« oder »Wartburg-Tourist« (die Autos waren im Laufe der Jahre immer voluminöser geworden) und zu seiner auswärtigen Kundschaft auf die Dörfer fuhr. »Kommst du heute pünktlich?« fragte Irmchen jeden Tag neu. Es störte sie nicht, daß sie nie eine Antwort bekam; sie hätte sie sowieso nicht gehört, weil sie, noch bevor Werner anfuhr, längst wieder an ihrem Platz am Telefon saß und um irgendwelche lebenswichtige Röhren feilschte. Die alte Frau Grimma nahm indessen Kurs auf das zweite Frühstück, das jeder einnahm, wie es sich gerade traf. Irgendwann kam auch Rosa von ihrem Einkauf zurück, sie stärkte sich und lief aufs neue fort, mit einem langen Besorgungszettel. Das Mittagessen nahm man zu fünfen ein, ohne Werner, der erst abends dazu kam, etwas Warmes zu essen. Danach machte sich Rosa über den Abwasch her. Spätestens beim dritten Teller erinnerte sie sich jedoch an ihre sonstigen Pflichten, sie schleuderte den Wischlappen in die Schüssel zurück und verschwand mit dem Staubtuch im Wohnzimmer, während die alte Frau Grimma ihren Platz am Spültisch einnahm. Bei all dem Trubel im Haus war Wolf-Dieter-Kind, für das nie jemand Zeit fand, größer geworden und unversehens zu einem langen schlaksigen Lümmel herangewachsen, nach dem bereits die Mädchen ihre Hälse reckten.

Dazwischen hatte es Krisen gegeben; ernste Krisen. Werner war eines Tages, bleich bis in die zitternden Bartspitzen, nach Hause gekommen. »Jetzt machen sie uns fertig«, prophezeite er. Ein HO-Laden für Rundfunk- und Fernsehgeräte – mit Service! – sollte im Stadtzentrum eröffnet werden. Werner schäumte vor Empörung. Daß »die da oben« jetzt darangingen, ihm, Werner Grimma, das Monopol zu nehmen und ihm eine Einrichtung des staatlichen Handels vor die Nase zu setzen, war für ihn der Beweis, daß die kleinen Privatunternehmer liquidiert werden sollten. Um auf dem laufenden zu sein, abonnierte er vorübergehend sogar das ›Neue Deutschland‹. Auch beriet er sich lange mit Irmchen, und als Ergebnis ihrer Beratung entfalteten beide eine lebhafte Betriebsamkeit: Irmchen ließ Telefon Telefon sein und fing an, in Kisten und Koffern zu wühlen, und Werner fuhr einen Tag um den anderen in die DDR-Hauptstadt Berlin, um Ersatzteile, die er eben erst »importiert« hatte, zurück an ihren Ursprungsort nach Westberlin zu schaffen. Die alte Frau hatte das Treiben eine Zeitlang stumm verfolgt. »Sagt mir doch, was hier vorgeht«, bettelte sie endlich, als sie die Geheimnistuerei nicht länger ertragen konnte. Irmchen hüllte sich in Schweigen. Nur Werner sah für den Bruchteil einer Sekunde von den Papieren auf, die er gerade mit roher Hand unschädlich machte. »Muttchen, wir setzen uns ab«, erwiderte er. »Du siehst doch, daß sie uns hier kaputtmachen wollen.« Und er riß auch die Belege fürs Finanzamt in viele kleine Stücke. Der Blick seiner Mutter ging über die neue Wohnungseinrichtung, über das Spinett (auf dem nie jemand spielte), den Raumteiler aus Keramik, die Antiquitäten, die Werner mühselig aufgespürt und teuer erstanden hatte, um »sein Geld anzulegen«, und die er jetzt so mir nichts, dir nichts im Stich lassen wollte – und zum erstenmal war sie unzufrieden mit ihrem Sohn. »Ich bleibe hier!« verkündete sie. Doch allein oben in ihrer Mansarde weinte sie sich fast die Augen aus. Was sollte sie denn hier anfangen, ohne die anderen alle? In ihrer Not vertraute sie sich Alma an; trotz ihrer zittrigen Beine hatte sie den weiten Weg zu ihrer Jugendfreundin nicht gescheut. Doch auch Alma war ratlos. Das Haus würde ja sicher, sowie die Untat ruchbar wurde, beschlagnahmt werden, dann hatte ihre Freundin nicht einmal mehr ein Dach überm Kopf. Vielleicht aber wurde sie, wegen Mitwisserschaft, sogar eingelocht! Nein, sie mußte mit hinüber, da half alles nichts. – Werner hatte versprochen, den damals achtjährigen Wolf-Dieter einzuweihen, doch aus begreiflichen Gründen schob er es immer wieder hinaus. Wolf-Dieter glaubte also noch immer an einen fröhlichen Familientrip (und glaubt es vermutlich bis heute), als die Reise endlich losging; man hatte an diesem Sonnabend »aus familiären Gründen« etwas früher geschlossen und Rosa sowie die beiden Gehilfen nach Hause geschickt. Es war der 12. August 1961. Die Nacht zum Sonntag wollte man in dem Häuschen einer entfernten (und hastig eingeweihten) Verwandten in Berlin-Grünau verbringen, um dann am nächsten Morgen, durch ausgiebigen Schlaf gestärkt und entsprechend froh gestimmt, den am Bahnhof Zoo deponierten Ersatzteilen nachzureisen ... Jeder weiß, daß es nicht mehr dazu kommen konnte. Nachdem just in dieser Nacht die Grenze dichtgemacht wurde, kam keine Maus mehr hinüber, geschweige denn der junge Grimma mit seiner Familienfuhre. Die alte Frau Grimma und Wolf-Dieter hatten ihre Rollen vertauscht. Hatte der Junge auf der Herfahrt laut gejubelt und die alte Frau nur still vor sich hin gegreint, so quengelte jetzt Wolf-Dieter, weil die Unternehmung ein so abruptes Ende nahm, und die alte Frau saß da, starr vor Glück, weil es doch wieder heim ging in ihr Mansardenstübchen.

Schwamm drüber! Es war wie eine stillschweigende Vereinbarung zwischen den Familienmitgliedern, nie wieder an dies Ereignis zu rühren. Man war zurückgekehrt und richtete sich aufs neue ein. Die ersten Monate waren hart. Dann aber zeigte es sich, zu Werners maßloser Verblüffung, daß er auch ohne seine Geschäftsverbindungen zu Westberlin existieren konnte. Nicht einmal die Konkurrenz der HO-Verkaufsstelle brauchte er länger zu fürchten. Noch immer gab es genug Leute, die dem sachlichen HO-Service den des Privatmannes, bei dem sie außer ihrem defekten Gerät auch gleich allen Familientratsch abladen konnten, vorzogen – ganz abgesehen davon, daß die Wartezeiten bei Irmchen und Werner tatsächlich kürzer waren. In erstaunlich kurzer Zeit hatte sein Betrieb den alten Status erreicht, und alles hätte wie früher seinen Gang gehen können.

Doch weder Irmchen noch Werner waren aus dem Holze geschnitzt, sich mit dem bereits Erreichten zufriedenzugeben. Kaum »lief der Laden«, da spähten sie schon nach neuen Unternehmungen aus. Ein Wohnwagenanhänger sollte gebaut werden! Statt nach Feierabend wie andere vor dem Bildschirm zu sitzen oder sich allenfalls – was dringend nötig gewesen wäre! – mit Wolf-Dieters Fortschritten in der Schule vertraut zu machen, klopften und hämmerten die beiden bis in die Nächte hinein auf dem Hofe herum und gönnten sich nicht eher Ruhe, bis der Wohnwagen »stand«. Die nächsten drei Jahre zigeunerten sie durch die Volksdemokratien, fuhren nach Ungarn, Bulgarien und in die UdSSR, natürlich immer nur zu zweien, weil Wolf-Dieter ja bei der alten Frau Grimma in guter Obhut war. Dann hatten sie das Herumvagabundieren satt. Anstelle des Wohnwagens, den sie günstig abstoßen konnten, kauften sie sich an der Küste eine Bauernkate (jeder private Einzelhändler oder Handwerker hatte damals schon sein Wochenendhaus). Die Grimmasche Kate mußte teilweise abgetragen, vergrößert, neu gedeckt und in ihrem Grundriß völlig verändert werden. Die Arbeit erstreckte sich über Jahre. Diesmal wurde auch Wolf-Dieter hinzugezogen. Doch kühlte sich Werners Verhältnis zu seinem Adoptivsohn merklich ab, als er feststellen mußte, daß der Junge nur Flausen im Kopf, aber keinerlei Lust und Liebe zur körperlichen Arbeit hatte. »Man weiß eben nie, was in solch einem Jungen steckt«, sagte er mißmutig zu Irmchen, und Irmchen, die ihn sofort verstand, fügte seufzend hinzu: »Es ist nicht das eigene Blut.« – Sie ließen den Jungen also lieber wieder zu Hause, und die alte Frau Grimma war froh, nicht mehr ganz verlassen in dem weiträumigen Haus hocken zu müssen; die jungen Grimmas fuhren ja, um sich zu regenerieren, Sonntag für Sonntag und später auch an den arbeitsfreien Samstagen hinauf an die See in ihre Bauernkate.

Nicht, daß die »Kinder« sie nicht gelegentlich aufforderten, mit hinaufzukommen. An der Einweihungsfeier hatte sie teilnehmen dürfen, und einmal war sie auch im letzten Sommer in »Irmchens Ruh« gewesen. Bei der Fete zur Einweihung hatte sie noch tatkräftig mitgeholfen – mit fünfundsiebzig war sie immer noch gut in Form gewesen. Sie hatte die Flaschen geöffnet und den Wein kredenzt, später hatte sie immer neuen Kaffee gebrüht und die kalten Platten gerichtet – viel war sie aus der Mini-Küche nicht herausgekommen. Aber sie hatte doch an den vielen Gästen ihre Freude gehabt: sogar ein Opernsänger mit seiner Frau war dabei gewesen, weiß der Himmel, woher Werner und Irmchen die Beziehungen hatten. Dem Sängerpaar war sie auch im letzten Sommer oben wiederbegegnet. »Die beiden verleben ihren Urlaub bei uns«, erklärte ihr Werner kurz. Die Urlauber wohnten im Gästezimmer, und sie, Werners Mutter, sollte im Kaminzimmer auf dem Sofa schlafen. Doch abends wurde im Kaminzimmer lange gezecht, und sie hatte dabeigesessen und sich gelangweilt und war fortwährend eingenickt. Mitten in der Nacht waren noch andere Leute gekommen, Freunde von Freunden, die gehofft hatten, auf dem Sofa kampieren zu können; nun gingen sie maulend daran, ihr Zelt aufzubauen. Die alte Frau Grimma hätte sich am liebsten in einem Loch verkrochen.

Nein, das war nichts mehr für sie, lieber blieb sie ruhig zu Hause, denn Ruhe brauchte sie jetzt. Manchmal dachte sie voll Wehmut an ihre frühere Anderthalbzimmer-Wohnung, die so still und abgelegen gewesen war. Hier war an Ruhe nicht zu denken, schon Wolf-Dieters wegen. Wolf-Dieter war jetzt fünfzehn und so groß und breit, daß er die alte Frau mit seinen Bärenkräften leicht hätte umrennen können. Oft brachte er Freunde mit in seine Bude. Merkwürdigerweise hatte er gerade die schlechten Schüler zu seinen Freunden erkoren – die alte Frau hätte sie am liebsten vor die Tür gesetzt. Wie leicht konnte ihr schlechtes Beispiel auf ihren Enkelsohn abfärben! Wolf-Dieter, wenn er das hörte, lachte ihre Bedenken hinweg. Überhaupt fuhr sie am besten mit ihm, wenn sie gar nichts sagte. Nur wenn er ihr seine Platten in die Ohren gellte, wagte sie einen schüchternen Einwand, doch wenn er sich nicht daran kehrte, stopfte sie sich Watte ins Ohr, das hatte den gleichen Effekt.

Eines Sonntags (wenn sie allein war, benutzte sie immer unten den Waschraum) wurde ihr schwarz vor den Augen, sie taumelte und stürzte hinterrücks in die Badewanne. Als sie aus ihrer Ohnmacht erwachte, tastete sie vorsichtig alle Teile ihres Körpers ab: nein, es war nichts gebrochen, aber Arme und Beine lagen wie losgelöst und wollten ihr nicht mehr gehorchen. Irmchen und Werner fanden sie abends bei ihrer Heimkehr halbtot, schweißüberströmt nach den vielen vergeblichen Versuchen, sich wieder auf die Beine zu stellen. Sie waren selber heftig erschrocken. »Wir dürfen Muttchen nicht wieder allein lassen«, sagte Werner zu Irmchen, in seinem Ton schwang nicht nur Sorge, sondern auch Ärger mit. Der Urlaub stand vor der Tür; drei lange Wochen in trauter Zweisamkeit in »Irmchens Ruh« – die wollten sie sich durch keine Gewissensbisse trüben lassen. Muttchen sollte also verreisen. Irmchen half ihr beim Kofferpacken, und Werner, der Telegramme hin und her gewechselt hatte, brachte seine Mutter zum Bahnhof und schickte sie wie ein Postpaket nach Berlin-Grünau, von wo die entfernte Verwandte auf die Ankündigung des überraschenden Besuches mit einigem Befremden geantwortet hatte. Immerhin, sie erklärte sich bereit, Muttchen aufzunehmen.

Es wurde eine schöne, geruhsame Zeit. Die alte Frau Grimma saß im Garten, am Ufer der träge vorbeifließenden Dahme, und ließ sich von der entfernten Verwandten, einer munteren Sechzigerin, nach Herzenslust verwöhnen. Am liebsten wäre sie gar nicht wieder weggefahren. Doch die »Kinder« schrieben, daß sie zu Hause wären, da mußte sie auf und davon. Daheim harrte ihrer eine böse Überraschung: Werner hatte Wolf-Dieter ins Internat gesteckt. »Sollen andere sehen, wie sie mit ihm fertig werden«, sagte er grob. Nach und nach holte seine Mutter die Wahrheit aus ihm heraus. Wolf-Dieter war mit seinem Freund auf einem gestohlenen Motorrad durch die Landschaft geprescht; unterwegs wurden sie von einer Verkehrsstreife angehalten – dabei kam das Ganze heraus. Der »Freund«, der schon mehrere Diebstähle auf dem Kerbholz hatte, wurde sofort festgenommen. Wolf-Dieter war noch mal mit einem blauen Auge davongekommen. Angeblich hatte er von dem

Diebstahl nichts gewußt. »Das kannst du glauben oder nicht glauben«, sagte Werner. »Aber Polizei kommt mir seinetwegen nicht noch mal ins Haus.« – »Ja, stell dir vor«, sagte auch Irmchen entrüstet, »Polizei – zu uns! Wo wir noch nie gegen die Gesetze verstoßen haben ...« – Bloß die Heimat, die euch ernährt, habt ihr klammheimlich im Stich lassen wollen, dachte die alte Frau Grimma. Doch sie hütete sich, es laut zu sagen. Die Kehle war ihr sowieso wie zugeschnürt.

Nun wurde es noch stiller an den Wochenenden. Manchmal ließ die Alte absichtlich einen Gegenstand fallen, bloß um das klappernde Geräusch zu hören. Oder sie ging in das Zimmer des Jungen, das jetzt immer aufgeräumt war, und beim Anblick der Firlefanzereien an den Wänden, über die sie sich immer geärgert hatte, fand sie seltsamen Trost. Das konnte er doch nicht alles vergessen haben! Doch warum kam er nicht – nicht einmal des Sonntags, wenn sie alleine war? Ein einziges Mal war er dagewesen, war gekommen, um irgend etwas aus seinem Zimmer zu holen – und sofort wieder davongestürmt. »Tschüs, Oma, keine Zeit«, hatte er ihr nur zugerufen und hatte sich wie Nebel vor ihr aufgelöst. Seitdem war er verschollen. Werner nahm es nicht tragisch. »Du kannst das Zimmer des Jungen doch jetzt wieder mitbenutzen«, sagte er einmal leichthin. Die alte Frau versteifte sich vor innerem Widerstreben. Nein, das wäre ihr wie Frevel erschienen. Als wollte sie Wolf-Dieter mit Stumpf und Stiel aus ihrem Herzen reißen.

So gingen die Jahre dahin. In diesem Monat sollte die Greisin achtzig werden, Werner wollte aus diesem Anlaß »ein Faß aufmachen«. Na ja, verteidigte er sich munter, achtzig werde sein Muttchen nur *einmal*, das müsse begossen werden! Mit Irmchens Hilfe baute er die untere Etage um, es mußte Platz für die Schar der Gäste geschaffen werden. Die halbe Nachbarschaft war eingeladen, dazu sämtliche Freundschaften aus der Umgebung von »Irmchens Ruh«. Als der Tag endlich heran war, saß die Jubilarin inmitten der Gratulanten und fühlte sich überflüssig. Die einzigen Menschen, auf die sie Wert gelegt hätte, Wolf-Dieter und ihre Jugendfreundin Alma, waren nicht dabei. Wolf-Dieter hatte nichts von sich hören lassen, und Alma konnte sich aus eigner Kraft nicht fortbewegen. Den Sohn aber hatte sie nicht bitten mögen, Alma heranzuholen – es gab immer so viel anderes, was er erledigen mußte.

Im Herbst kündigte Rosa plötzlich ihren Dienst auf. Sie wollte heiraten und aufs Dorf ziehen, zwanzig Kilometer entfernt. Irmchen und Werner erörterten beim Abendbrot, was zu machen sei. Ein neues Mädchen aus dem Heim holen? Die jungen Dinger waren so unerfahren, und auf Muttchen war ja nun wirklich nicht mehr viel zu bauen. »Wenn du die Gehilfen dazu bringst, daß sie im

Restaurant essen«, sagte Irmchen plötzlich energisch, »schaffe ich es allein. Schließlich ist es keine große Sache, für zwei zu kochen. Für die groben Arbeiten nehmen wir eine Zugehfrau.« – Mich zählen sie gar nicht mehr mit, dachte die alte Frau Grimma, die die ganze Zeit dabeigesessen und alles mitangehört hatte. Die Kinder hatten sich ja nicht einmal die Mühe gemacht, ihre Debatte zu verschieben, bis sie oben in ihrem Bett lag und sich schlaflos wälzte. Denn noch wie früher manchmal im Wohnzimmer zusammenzusitzen, bei einer Flasche Wein womöglich – das gab es nicht mehr. Die »Kinder« hatten ihr deutlich zu verstehen gegeben, daß ein Ehepaar zuweilen allein sein möchte. Blutrot vor Scham war sie unter vielen Entschuldigungen, wie ein geprügelter Hund, nach oben geschlichen.

Ja, die Zeiten hatten sich geändert; auch Werner war älter geworden. Manchmal sprach er schon mit Irmchen davon, ob sie nicht »abbauen« sollten. Ihre »Errungenschaften« begannen ihnen allmählich eher lästig zu werden. Sie besaßen jetzt zwei Autos (das zweite war illegal und auf den Namen eines Freundes zugelassen), ein Wochenendhaus, ein schnittiges Segelboot – doch nach einer arbeitsreichen Woche hatte Werner meist nur noch das Bedürfnis, sich hinzuhauen. Gerade das war ihm verwehrt. Statt dessen mußte er sein Auto quer durch Mecklenburg 150 Kilometer weit zur Küste steuern, wo die Wochenendgäste schon darauf warteten, sich von ihm und Irmchen bedienen zu lassen. Hatten sie das alles nötig? Für wen strampelten sie sich ab? Für Wolf-Dieter, den Versager, am allerwenigsten. Der hatte es erst kürzlich wieder leichtsinnig abgelehnt, in Werners Fußstapfen zu treten und den Beruf des Fernsehmechanikers zu erlernen, um später den väterlichen Betrieb, den er erben sollte, führen zu können. Er pfeife auf sein Erbe, hatte er lachend erklärt; er besuche jetzt eine Fachschule, werde vielleicht sogar studieren, er komme schon selber durch! – »Verstehst du das?« fragte Irmchen. Auch Werner konnte sich keinen Vers darauf machen. »Sie delegieren ja manchmal welche«, sagte er nur. Einerlei, auf den Jungen brauchten sie also nicht länger Rücksicht zu nehmen. Auf wen aber sonst? Sollten sie sich allein wegen der Gehilfen oder etwa gar wegen der Kundschaft weiter schinden? Werners Bankkonto wies ein Sümmchen auf, von dem er und Irmchen – vorausgesetzt, daß sie eine Kleinigkeit, etwa als HO-Angestellte, hinzuverdienten – für den Rest ihrer Tage leben konnten. Und bequemer als jetzt. Werner hatte bereits einen Herzinfarkt hinter sich, und Irmchen hatte sich beim Eissegeln über den Bodden, an dem sie durchaus hatte teilnehmen müssen, eine hübsche Nervenentzündung eingeheimst. Beide hatten sie im letzten Winter krank im Bett gelegen, während ihre Kollegen vom staatlichen Handel immer molliger wurden und vor Gesundheit strotzten. Nein, sie sollten Ballast abwerfen. Hatten sie nicht am Stadtrand ein hübsches Einfamilienhaus? Freilich würden sich einige Umbauten nicht vermeiden lassen, um es für ihre Bedürfnisse maßgerecht zurechtzuschneidern.

Werner und Irmchen hatten also einen neuen Lebensinhalt. Bald lagen die Pläne für den Umbau über die ganze Wohnung verstreut. Irmchen besaß eine bewundernswerte Fertigkeit, Grundrisse maßstabgerecht aufs Papier zu bringen, während Werner mehr genial die große Linie entwarf. Mit einem Federstrich entzog er die Geschäftsräume – Werkstatt und Büro – ihrem bisherigen Zweck und begann sie dem eigentlichen Wohntrakt einzuverleiben; dadurch entstand eine Fläche, aus der sich schon »etwas machen lasse«, wie er strahlend verhieß. Küche und Bad konnten endlich vergrößert werden. Die Diele mit dem Eingang wurde zum Eßzimmer umfunktioniert, um die bisherige Unsitte, in der Küche zu essen (ein Zugeständnis an die nachlassenden Kräfte der alten Frau Grimma) endlich liquidieren zu können. Irmchen bestand auf einem »Damenzimmer«, und auch für Wolf-Dieter würde, falls er doch einmal käme, ein Kämmerchen reserviert bleiben müssen. »Wolf-Dieter? Der hat doch oben sein Zimmer«, warf hier Irmchen ein. Werner machte ein Gesicht wie Knecht Ruprecht kurz vor der Weihnachtsbescherung: mit den Mansardenzimmern habe er seine besonderen Pläne, tat er kund, er wolle sein und Irmchens Schlafzimmer dorthin verlegen! – »Wie denn?« fragte Irmchen begriffsstutzig. Also die Zwischenwand werde man herausreißen müssen, fing Werner an zu erklären, dadurch erhalte man einen einzigen Raum. Die schrägen Wände würden durch Platten verkleidet, so daß dahinter zwei Abstellräume entstünden, die in einem Haus nie zu verachten seien. Unter dem Dachfirst werde er einen Balkon anbauen ... Er stockte. Irmchen erweckte den Eindruck, als ob sie ihm überhaupt nicht mehr folgen könne. Sie wies mit dem Finger zur Decke. »Aber ... aber ...«, stotterte sie hilflos. Werner rückte seinen Stuhl näher zu Irmchen heran. »Hör zu«, sagte er geduldig. »Wenn wir schon planen, müssen wir großzügig planen. Auch Muttchen wird leider nicht ewig leben. Sie wird jetzt zweiundachtzig. Sollen wir uns ihretwegen die doppelten Kosten machen? Natürlich bringen wir sie nicht ins Altersheim, wie es andere täten. Solange Muttchen da ist, werden wir beide wie bisher unten schlafen. Aber ich sehe nicht ein, warum man nicht immer schon mit dem Umbau beginnen kann.«

Noch am selben Abend hielt er Zwiesprache mit seiner Mutter. Das war seit vielen Jahren nicht mehr vorgekommen. Die alte Frau Grimma durfte sogar wieder mit im Wohnzimmer sitzen. »Es wird natürlich ein wenig unruhig werden«, räumte Werner ein. »Dafür hast du es hinterher um so schöner. Stell dir vor: dieser weite Raum! Bisher hast du dich doch mächtig einpferchen müssen ...« – »Aber es war so gemütlich da drinnen«, lispelte die alte Frau. – »Es wird auch wieder gemütlich«, tröstete Werner. Dann stand er auf und machte sich an der Bar zu schaffen, weil er die Unterredung für beendet hielt.

Schon in der Woche darauf rückten die ersten Handwerker an, Werner hatte so seine Verbindungen. Da die Auflösung des Betriebes Zeit erforderte, wurde mit den Umbauarbeiten unter dem Dach begonnen. Muttchen mußte vorübergehend ihre Lagerstatt in der Diele aufschlagen. Irmchen hatte flugs einen Plastevorhang um ihr Bett gespannt. Am Sonntag fuhren die jungen Grimmas nach »Irmchens Ruh«, auf Werners Verkaufsinserat hatten sich Dutzende von Reflektanten gemeldet. Aufgekratzt – sie hatten beim Verkauf über Erwarten gut abgeschnitten – kehrten sie am Sonntagabend in ihr Haus zurück. Irmchen stolperte über ein Bündel, das am Boden lag. Werner bückte sich als erster. Gemeinsam trugen sie die leichte Last auf ihr Bett zurück. Auf dem Telefontisch stand noch das Wasserglas, an den Rändern hafteten weißliche Krümelreste. Später hatte die alte Frau wohl nicht mehr die Kraft gehabt, sich bis zum Bett zu schleppen. Stumm standen die beiden einige Minuten lang vor der stummen Gestalt. Dann warf sich Irmchen an Werners Brust. »Wir waren doch so glücklich zusammen«, schluchzte sie. Werner dachte eine Weile angestrengt nach. »Sie muß es in einem Moment geistiger Umnachtung getan haben«, sagte er endlich. »Einen vernünftigen Grund, es zu tun, hatte sie nicht. Sie hatte doch bei uns den Himmel auf Erden.«

Hans Scheibner
Heiligabend zur »Windigen Ecke«

Ende November klingelte Käpt'n Lühmann bei Oma Pieper. Wie immer hatte er seinen Elbsegler auf, der ihm bei den Nachbarn den Kapitänstitel eingetragen hatte, und wie immer rauchte seine Seemannspfeife. Es ginge um Weihnachten, Heiligabend, sagte Käpt'n Lühmann. Onkel Karl, der Wirt von der »Windigen Ecke«, wo Frau Pieper im Sommer immer ihr Alsterwasser trinke, der habe sich was ausgedacht: Alle einsamen Menschen aus der Umgegend, die Heiligabend kein Zuhause haben oder nicht wissen, wohin, sind eingeladen zur Weihnachtsfeier. Onkel Karl gibt Kaffee und Stollen aus und hinterher drei Grog oder eine Flasche Wein für jeden. Und er, Käpt'n Lühmann, habe den Auftrag, die Sache zu organisieren. Und da hätte er nun mal eine Frage: Ob Frau Pieper vielleicht für die Musik sorgen könnte. Er habe ja oft genug mitgekriegt, wie gut sie Klavier spielt. Erst neulich wieder auf ihrem Geburtstag. Die Decken und Wände sind ja so dünn, daß man einfach alles hört. Bestimmt würden sich die alten Leute freuen. So 'n Klavier, das ist doch viel gemütlicher als 'n Plattenspieler oder diese furchtbare Musik-Box.

Die alte Frau Pieper wußte zuerst gar nicht recht,

was sie davon halten sollte. Das mit der Weihnachtsfeier für einsame Menschen, das fand sie richtig nett von Onkel Karl, dem Wirt. Hätte sie ihm gar nicht zugetraut, dem alten Brummbär. Aber daß sie da mitmachen sollte? Noch nie war sie Heiligabend ohne ihre Familie gewesen. Da mußte man doch zu den Kindern und Enkelkindern. Allerdings, wenn sie daran dachte, wie es das letzte Mal bei Inge gewesen war. »Weihnachten ist eine einzige Heuchelei!« hatte Marcus gesagt. Und vom Weihnachtsmann durfte man auch nicht mehr reden. »Joanna weiß, daß es keinen Weihnachtsmann gibt. Wir belügen unsere Tochter nicht!« So 'n Quatsch! Dabei hatte die Kleine so gespannt zugehört und konnte gar nicht genug kriegen von Omas Weihnachtsgeschichten. Damals hatte Frau Pieper sich geschworen: Nächsten Heiligen Abend bleib' ich zu Hause! Einen Augenblick hätte sie deshalb am liebsten ja gesagt. Was Käpt'n Lühmann da erzählte, gefiel ihr. Und Klavier spielen konnte sie ja wirklich noch ganz gut – auch wenn ihr Sohn Bruno immer so 'n komisches Gesicht machte, wenn sie dem kleinen Oliver ein Lied vorspielte. Trotzdem sagte Frau Pieper: »Das geht nicht, Herr Lühmann. Es ist nett von Ihnen, daß Sie an mich gedacht haben. Aber meine Kinder warten Heiligabend auf mich. Die wären furchtbar traurig, wenn ihre Oma nicht kommt.«

Käpt'n Lühmann sah sie etwas finster an, kippte

den Oldesloer Klaren runter, den Frau Pieper ihm eingeschenkt hatte, setzte seinen Elbsegler wieder auf und sagte: »Von Familie versteh ich nix. Also denn eben nicht. Aber wenn Sie sich das noch überlegen sollten: Ich wohn' eine Treppe tiefer.«

Der alten Frau Pieper aber wollte und wollte die Sache nicht aus dem Kopf. Heiligabend mal ganz anders. Da würden Bruno und Inge wohl staunen. Aber wie sollte man ihnen das erklären, ohne daß sie böse würden?

In der ersten Dezember-Woche paßte Frau Piepers Tochter Inge, die mit dem Grafiker und Kunstmaler Marcus Gröning verheiratet ist, eine günstige Gelegenheit ab, um ihrem Mann die berühmte Weihnachtsfrage zu stellen. Er war gerade dabei, eine seiner aussagestarken Collagen mit dem Titel ›Terror am Mohnblumenhimmel‹ einzurahmen, um sie mit einigen anderen seiner Werke noch rechtzeitig auf dem Weihnachtskunstmarkt ausstellen zu können.

»Wir müssen allmählich an Weihnachten denken«, sagte Inge, »und ob wir Mutter Heiligabend zu uns nehmen.«

Sichtlich ungern ließ sich Marcus aus seiner schöpferischen Arbeit reißen. »Geht das schon wieder los mit Weihnachten? Entsetzlich! Aber bitte: es ist *deine* Mutter. Was bleibt uns denn anderes übrig.«

»Irgendwo muß sie ja schließlich hin«, sagte Inge. »Für alte Menschen ist Heiligabend eben wirklich noch ein besonderer Abend. Und wehe! wir vergessen das. Dann sind wir für alle Zeiten untendurch.«

»Also gut«, sagte Marcus und seufzte tief auf. »Bring deiner Mutter aber bitte bei, Joanna nicht wieder ihre reaktionären Weihnachtsmärchen zu erzählen. Ich weiß, es ist nicht leicht für alte Leute, das einzusehen. Aber wir geben uns schließlich alle Mühe, Joanna von solchen Zwängen und falschen Autoritäten zu befreien. Und daran kann auch deine Mutter sich halten!«

In diesem Punkt war Inge sowieso einer Meinung mit ihrem Mann. Aber ihr kam da noch eine ganz andere rettende Idee: War nicht eigentlich ihr Bruder Bruno dran, Oma Heiligabend zu sich zu nehmen? Man könnte ihn ja anrufen ...

Aber davon wollte Marcus überhaupt nichts wissen. »Seit wir diese Auseinandersetzung auf Omas Geburtstag hatten, hat er sich ja auch nicht mehr gemeldet! Wir sind ja sowieso nur Anarchisten und linke Spinner für ihn! Sollen wir vielleicht noch hinter ihm hertelefonieren? Der hat es grade nötig, der Spießer!«

Eine ganz ähnliche Weihnachtsdebatte spielte sich um diese Zeit in Bruno Piepers Fertighaus ab.

»Was machen wir denn nun mit Oma am Heiligen Abend?« fragte Bärbel. Bruno, schlecht gelaunt, wie immer, wenn er spätabends aus seinem Baubüro kam, brummte bloß: »Was soll'n wir schon machen? Einladen müssen wir sie. Glaubst doch wohl selbst nicht, daß wir einmal im Leben Heiligabend für uns sind!« Bärbel gab Bruno natürlich recht. Aber schließlich war es ja *seine* Mutter. Daß es für sie, Bärbel, nicht immer ganz einfach sei, mit ihr auszukommen, das wisse er ja wohl.

»Ausgerechnet deine Mutter muß mir erzählen, daß es schon viel praktischere Geschirrspülmaschinen gibt. Dabei wäscht sie seit dreißig Jahren mit derselben Tassenbürste ab!«

»Also gut«, entschied Bruno, »lad sie ein. Aber am liebsten wäre es mir, wenn wir sie Heiligabend auch wieder nach Hause bringen könnten. Du weißt, daß am ersten Weihnachtstag Fischers kommen. Und ich kann keine geschäftlichen Dinge besprechen, wenn sie dabeisitzt und immer dazwischenfragt.«

»Dann darfst du aber auch nichts trinken, Heiligabend«, sagte Bärbel. »Oder sie muß eben mit der Taxe nach Haus fahren!«

Aber dann hatte Bruno eine noch bessere Idee: »Könnte doch sein, daß sie viel lieber wieder zu Inge und Marcus geht. Sollte man Inge nicht mal anrufen?«

Aber damit war Bärbel überhaupt nicht einverstanden. »Seit unserem Streit auf Omas Geburtstag haben die hier kein einziges Mal angerufen! Und ›neureiche Spießbürger‹ brauchen wir uns nicht noch einmal schimpfen zu lassen! Nur weil sie neidisch sind auf unser Haus! Die haben's grade nötig mit ihrem Kunstfimmel. Wo sie alle Leute anschnorren und sich Gott weiß wie vorkommen!«

Somit blieb die Besetzung des Heiligen Abends in der Familie Pieper vorerst ungeklärt.

Oma Pieper war morgens Käpt'n Lühmann im Treppenhaus begegnet. Ob sie sich's schon überlegt hätte? Fast ein wenig traurig schüttelte Frau Pieper den Kopf. Sie wollte Käpt'n Lühmann nicht erzählen, daß sie ziemlich ärgerlich war auf Inge und Bruno. Bis jetzt (14 Tage vor Weihnachten!) hatten sie nichts von sich hören lassen. Beinahe war sie soweit, selbst bei ihren Kindern anzurufen und zu sagen: »Tut mir leid, Heiligabend bin ich besetzt.« Aber man mußte ja auch bedenken, daß die jungen Leute so furchtbar viel zu tun haben, und grade vor Weihnachten. Auch, daß Frau Pieper heimlich schon wieder auf ihrem Klavier geübt hatte, brauchte sie Herrn Lühmann ja nicht grade auf die Nase zu binden. Wahrscheinlich hatte er's ja sowieso schon durch die Wände mitbekommen. Jedenfalls grinste er so unverschämt, als er fragte:

»Haben Sie nicht wenigstens 'n paar Weihnachtsteller für unsere Feier übrig? Können auch 'n paar

Nüsse und Spekulatius drauf sein ...« Die Sache jedenfalls liefe ganz prima. Herr Kremer, der Imbiß-Kremer von der Mozartstraße, hätte versprochen, zwei Dosen Hamburger Knacker zu spendieren. Und jetzt hätten sie auch schon ein Schild gemalt und in der »Windigen Ecke« aufgehängt:

Heiligabend allein?
Onkel Karl lädt Euch ein!
Zur gemütlichen Weihnachtsfeier
mit Grog und Wein.
Eintritt frei. Verzehrbons beim Wirt.

Frau Pieper versprach Käpt'n Lühmann, zwanzig gefüllte Weihnachtsteller zu liefern. Endlich wußte sie, wofür sie die Pappdinger jedes Jahr aufbewahrt hatte. Inge hatte sie zwar immer damit aufgezogen – aber, siehst du wohl, jetzt wurden sie gebraucht!

Nachmittags rief endlich Inge an. Sie wolle bloß wegen Heiligabend fragen beziehungsweise, ob es richtig sei, daß Oma wieder zu Bruno gehe, sie hätte doch beim letzten Mal so was gesagt!

Frau Pieper konnte sich zwar überhaupt nicht erinnern, »so was« gesagt zu haben, aber im selben Moment mußte sie wieder an den verbotenen Weihnachtsmann denken, und daß die kleine Joanna um Gottes willen keine künstlich gefärbten

Schokoladenkringel essen dürfe – und da sagte sie ganz einfach: »Ja, Inge, ich bin bei Bruno Heiligabend.«

»So, so«, sagte Inge. »Er ruft ja nicht mehr bei uns an seit damals.«

»Ach, Kinder!«, sagte Frau Pieper. »Ihr müßt euch doch wieder vertragen.«

Inge wünschte ein fröhliches Weihnachtsfest. Und sie würden dann wohl zwischen Weihnachten und Neujahr mal vorbeischauen.

Am selben Abend rief auch Bruno an. Er wolle bloß mal wegen Heiligabend fragen beziehungsweise: »Das ist doch richtig, daß du zu Inge gehst? Ich meine, du hättest so was gesagt beim letzten Mal.«

Das war der Augenblick, wo bei der alten Frau Pieper das Kleingeld fiel, wie sie immer sagte. So also war das! Nee! Das wußte sie zufällig genau, daß sie von Inge und Marcus nichts gesagt hatte. Und so vergeßlich war sie nun auch wieder nicht! Etwas tat weh da drinnen, aber gleichzeitig tat es auch gut. Frau Pieper hörte sich fragen: »Sprecht ihr eigentlich wirklich nicht mehr miteinander, Bruno?«

»Nein, Oma«, war die Antwort.

»Ganz bestimmt nicht, Bruno?«

»Wieso? Soll ich vielleicht wieder anfangen – als Kapitalist und neureicher Spießer?«

»Müßt ihr ja wissen«, sagte Frau Pieper. Und dann mit sehr freundlicher Stimme: »Ja! Ich bin bei Inge und Marcus Heiligabend.« Und hängte ein.

Gleich danach ging sie runter zu Käpt'n Lühmann.

»Ich mach' mit, Herr Lühmann!«

»Das müssen wir begießen!« sagte Herr Lühmann und schenkte zwei reichliche Klare ein. Er fragte nicht, wieso und warum. Er sagte nur: »Sie sind in Ordnung, Frau Pieper! Man muß immer dahin gehen, wo man gebraucht wird.«

Der Klare kratzte viel mehr als Oma Piepers eigene Marke. Als sie die Treppe wieder raufging, sagte sie zu sich: »Komisch. Ich freu mich direkt mal auf Weihnachten ...«

Der 24. Dezember war natürlich wieder schneller da, als es je ein Mensch ahnen konnte. Am Morgen sagte Inge zu Marcus: »Eigentlich finde ich es doch merkwürdig, daß Oma ohne jede Rückfrage zu Bruno geht. Aber wahrscheinlich gefällt's ihr da besser. Wo Bruno doch immer noch den Weihnachtsmann mit der Rute macht! Und dann singen sie alle ›Ein Roß ist entlaufen‹ und Oma spielt ›O, Tannenbaum‹. Das gefällt ihr. Kann man nix machen. Aber irgendwie tut sie mir leid.«

Bruno Pieper dagegen sagte zu Bärbel, er ärgere sich nun doch darüber, daß Oma zum zweitenmal

Heiligabend zu Inge geht. »Die verstehen es einfach, ihr was vorzumachen mit ihrer ›Künstler-Weihnacht‹ und ihren selbstgebastelten Geschenken. Vielleicht sitzen sie da und hören sich Omas Klavierspiel als naive Kunst an. Kann man nix machen. Aber irgendwie tut sie mir leid.«

Am Nachmittag des Heiligen Abends kam dann die große Überraschung. Inge wollte aus der Stadt noch ein Buch für Marcus abholen. Bärbel mußte in der Nähe ein Paket abgeben. Was kommen mußte, kam: Plötzlich standen Schwägerin und Schwägerin einander gegenüber ohne die geringste Chance, aneinander vorbeiblicken zu können. Man lächelte freundlich-frostig, man wünschte sich fröhliche Weihnachten, und Inge bemerkte sogar doppelsinnig: »Scheint wohl doch was dran zu sein mit ›Friede auf Erden‹.« Fast hätte Bärbel gesagt: Sieht man sich im Neuen Jahr? Aber da fiel ihr noch rechtzeitig Bruno ein. Und so sagte sie nur: »Also dann – grüß Oma schön von uns!«

»Aber – die ist doch bei euch!«

Da war es passiert! Inge begriff überhaupt nichts mehr.

»Habt ihr sie etwa wieder ausgeladen?«

»Erlaube mal! Habt *ihr* sie wieder ausgeladen?!«

Verflixt noch einmal! Was hatte das zu bedeuten? Wohin geht sie heute abend – am Heiligen Abend?!

In der »Windigen Ecke« war Windstärke 12, wie Käpt'n Lühmann sagte. Junge, Junge – das hatte selbst er nicht gedacht, daß so viele zu seiner Feier kommen würden. Und wie sie alle in Stimmung waren! Die alte Frau Pieper haute in die Tasten, daß das Klavier nur so wackelte. Und jetzt wollten die auch noch tanzen!!

Ja, Oma Pieper! Am Morgen, als sie aufwachte, hatte sie sich vor sich selber erschrocken. Heute ist Heiligabend, dachte sie. Und ich? Ich geh' in die Kneipe! Was wohl Krischan dazu gesagt hätte? Und Bruno und Inge! Regelrecht angelogen hab ich sie! Sie kam sich richtig schlecht vor.

Ein Glück, daß soviel zu erledigen war: die bunten Teller fertigmachen, Tannenzweige auseinanderrupfen, Kerzen befestigen, Servietten falten, sich festlich anziehen ... Aber wenn in diesen Stunden Bruno oder Inge angerufen hätten: wer weiß, ob sie standhaft geblieben wäre.

Um vier Uhr nachmittags, als Käpt'n Lühmann sie abholte, hatte sie immer noch das Gefühl, was Schlimmes auszufressen. Käpt'n Lühmann fragte: »Alles klar?«

»Ei, Ei, Sör!« sagte Frau Pieper. Aber der zackige Gruß kam ziemlich kläglich.

Bis gegen sechs Uhr hatte man dann damit zu tun, die Tische zu decken, die Teller zu verteilen, Onkel Karl beim Kaffeekochen zu helfen. Karl, der

Dicke, war überhaupt nicht wiederzuerkennen. Im blauen Anzug hatte den noch nie ein Mensch gesehen. Dankbar nahm Frau Pieper die beiden Edelkirsch an, die Onkel Karl schon mal ausgab. So wurde ihr allmählich besser.

Und dann – kurz nach sechs – ging's los. Bis dahin wußten sie ja immer noch nicht, wer überhaupt kommen würde. Das war auch Käpt'n Lühmanns größte Sorge gewesen. Klar, er war umhergelaufen und hatte in der ganzen Straße Reklame gemacht. Aber kann man sich auf alte Leute verlassen? Nun aber strömte es nur so. Bis halb sieben waren schon 14 Weihnachtsgäste da. Unter ihnen eine ganze Menge Leute, die Frau Pieper kannte. Der 90jährige Vater vom Drogisten unten im Haus. Wieso der nicht mit der Familie feierte? Und dann Herr Mühlbauer, der Meckerpott aus dem Erdgeschoß, der immer schon um sechs die Haustür abschloß. Herr Meisenkremer, der Polizist – er war ja dieses Jahr geschieden worden, und neulich hatten sie ihm den Führerschein abgenommen. Und dann natürlich »Lady Elsbeth« – das heißt: Frau Elsbeth Diepmann, die sie alle »die verrückte Schauspielerin« nannten: Im Sommer kam sie immer in den Supermarkt im Flatterkleid und auf hohen Hacken und deklamierte vor sich hin. Und Herr Krohn mit seiner Frau, die Untermieter von der Tankstelle, und noch dieser und jener, die Frau Pieper zumindest vom Ansehen kannte.

Und plötzlich hatte sie ihr schlechtes Gewissen vergessen. Richtig geehrt fühlte sie sich, daß die meisten zu ihr kamen, um ihr die Hand zu drükken. Käpt'n Lühmann hatte wohl erzählt, sie gehöre zu den Veranstaltern. So ein Schelm war der!

Dann kam der Kaffee! Dann kamen die Würstchen! Alles redete durcheinander. Onkel Karl ließ den Wein auffahren. Und nun riefen sie schon: »Oma Pieper! Musik!« Da gab Käpt'n Lühmann das Zeichen für das erste Weihnachtslied. Zuerst griff Frau Pieper vor lauter Aufregung mächtig daneben. Aber die Gäste sangen auch nicht so besonders richtig – und so fiel das gar nicht auf.

Käpt'n Lühmann schlug an sein Glas, stand auf und hielt eine Rede. Frau Pieper konnte gar nicht alles behalten, es schwirrte ihr der Kopf nur so, sie nippte an ihrem Wein und mußte immerzu kichern. Irgendwas sagte Käpt'n Lühmann vom Meer des Lebens, und daß alte Leute wie auf einer Insel leben, und die Schiffe fahren vorbei und tuten bloß, aber keiner von den Matrosen kommt rüber, um sich um die Schiffbrüchigen zu kümmern. Ganz schönen Blödsinn redet der, dachte Frau Pieper, aber es war ungeheuer nett gemeint. Und dann zum Schluß, sagte Käpt'n Lühmann, er danke allen, die mitgeholfen haben, und besonders Frau Adele Pieper, die sich so eingesetzt habe und so wunderbar Klavier spiele.

Alle klatschten, Frau Pieper mußte aufstehen. Sagen konnte sie gar nichts, sie hob nur ihr Glas und trank es auf einen Zug aus. Dann wollten sie wieder Musik hören – und Oma Pieper spielte so schön wie noch nie in ihrem Leben. Alle sangen mit – bis auf Herrn Kakerbeck von der Fahrschule, der schon besoffen war und mitten in die Weihnachtslieder »Gewehr über! Rührt euch!« schrie. Aber Frau Pieper störte das nicht. Sie schwebte wie auf Wolken.

Doch dann – mitten in ›O, Tannenbaum‹ – ging die Tür auf. Ein kalter Windstoß blies herein. Ein Mann und eine Frau standen in der Kneipentür und schlugen sich die Schneeflocken vom Mantel.

Oma Pieper sah Käpt'n Lühmann an und flüsterte: »O Gott ...!«

Aufgeregt waren Bärbel und Inge nach Hause geeilt, um die Botschaft von der verschwundenen Oma zu verkünden. Und wieder einmal glichen sich die Bilder:

Im Eigenheim sagte Bruno: »Siehst du wohl! Das kommt dabei heraus, wenn du mir meine Mutter vergraulst! Warum soll sie auch nicht dabei sein, wenn Fischers kommen!?« Schon war der Krach da.

Im Künstleratelier hingegen war Inge den Tränen nahe: »Nur weil sie dem Kind ganz harmlos vom Weihnachtsmann erzählt, darf sie nicht zu uns. Du immer mit deinem Antiweihnachtsfimmel!! Und sie ist *meine* Mutter: Merk dir das!«

Die Bescherungen, traditionell unterm brennenden Weihnachtsbaum bei den Piepers, modern unterm hölzernen Hirtenstern bei den Grönings, verliefen in gedrückter Stimmung. Um sechs Uhr abends hatte Bruno bei Omas anderen Nachbarn, den Massmanns, angerufen. Die sagten ihm, daß vor ihm schon seine Schwester angefragt hätte. »Und Frau Pieper, Ihre Mutter, ja die ist doch in die Kneipe gegangen. Weihnachtsfeier für einsame Menschen!«

Mein Gott – Bruno fühlte richtig, wie das schlechte Gewissen in ihm hochstieg. Sie feierten hier mit ›O-du-fröhliche‹ in trauter Familie, und die eigene Mutter saß in der Kneipe und weinte. Um acht hielt er es nicht mehr aus. Er rief Inge an: »Komm, Inge! Wir müssen mal nach ihr sehen. Bärbel bleibt zu Hause bei dem Jungen.« Fast gleichzeitig trafen sie Ecke Mozart- und Meyerbeer-Straße vor der »Windigen Ecke« ein. Es hatte zu schneien begonnen. Bruder und Schwester begrüßten sich höflich-reserviert, wie sie es sich vorgenommen hatten. Nicht daß einer vom andern glaubte, nur wegen Weihnachten oder wegen der verschwundenen Oma sei alles vergessen! Doch als Bruno vor der »Windigen Ecke« den Schnee von dem Schild streifte, das oben an der Treppe stand, und beide lasen:

»Heiligabend allein?
Onkel Karl lädt euch ein!«

konnte Inge nicht mehr anders: Sie ergriff Brunos Arm:

»Komm! Wir müssen sie hier rausholen!«

Irgendwie mußten die beiden sich wohl vorgestellt haben, ein Bild des Jammers würde sich ihnen darbieten: still vor sich hin wimmernde alte Menschen, betrunkene Elendsgestalten, einsam und hoffnungslos. Eines hatten sie jedenfalls nicht erwartet: diese ausgelassene Weihnachtsstimmung zu durchaus rhythmischen ›O Tannenbaum‹-Klängen. Kaum waren sie eingetreten, wurden sie von einem freundlichen alten Seemann empfangen, Käpt'n Lühmann. Er führte sie an einen Tisch und sagte: »Also sowas Nettes! Ich weiß Bescheid! Frau Pieper hat mir gesagt, wer Sie sind. Jetzt müssen Sie aber erst mal etwas zu sich nehmen!«

Eine merkwürdige Geschwätzigkeit hatte den einsilbigen Seebären überfallen. Er wollte Kaffee, Stollen, Würstchen, Kirsch und Wein auf einmal anfahren lassen. Und Inge mußte ihn anflehen, ihr zu glauben, daß sie wirklich nichts mehr essen könne.

»Aber Likör und Wein müssen sein!«

»Da kann man ja nicht nein sagen«, sagte Bruno.

»Auf Ihre Frau Mutter! Spielt sie nicht wunderbar? Und die bunten Teller sind auch von ihr. Können Sie stolz drauf sein, sag' ich ...«

Andere Gäste kamen herbei und betrachteten

neugierig und abschätzend die Eindringlinge. »Oma Piepers Kinder«, erklärte Käpt'n Lühmann wichtig. Und leise zu Ex-Schutzmann Meisenkremer: »Wenn die glauben, sie können uns die Musik wegholen . . .!«

Frau Pieper hatte es für richtig gehalten, nach ›O Tannenbaum‹ noch ›White Christmas‹ und ›Ihr Kinderlein kommet‹ zu spielen – ohne sich bei diesem Titel etwas zu denken. Sie wollte nur Zeit gewinnen, um mit ihren Gedanken und Gefühlen fertig zu werden. Zuerst hatte sie sich furchtbar erschrocken. Das schlechte Gewissen. Du hast sie angelogen, Frau Pieper! Aber dann kam noch etwas viel Schlimmeres: Frau Pieper fühlte so was wie Stolz und Rührung. Mein Gott, die beiden hatten sie gesucht, den ganzen Heiligen Abend. So sehr hatten sie sie also vermißt. Hatten sich gewiß schreckliche Sorgen gemacht! Heiligabend ohne ihre Mutter – das hatten sie eben doch nicht ausgehalten. Und sie hatte ihnen Unrecht getan und sich so einfach aus Egoismus ihrem eigenen Vergnügen in die Arme geworfen. Dann kamen ihr die Kinder in den Sinn: Oliver und Joanna. Die hatten natürlich nach Oma gefragt. Aber diese Oma war eine selbstsüchtige, mimosenhafte Person. Weil sie sich nicht anpassen wollte. Weil sie kein Verständnis für die jungen Leute und die neue Zeit hatte!

›Ihr Kinderlein kommet‹, sang Frau Pieper, während ihr das alles durch den Kopf ging. Und dabei haute sie in die Tasten, als sollte es ein Boogie-Woogie werden.

»Jetzt wollen sie mich bestimmt nach Hause holen. Und dann feiern wir alle zusammen bei mir oder Bruno oder irgendwo ...«

Frau Pieper brach ihr Spiel ab, sah die Tische entlang, wo wieder alles durcheinanderredete, als sei nichts geschehen, und ging festen Schrittes auf Bruno und Inge zu.

»Mutter!« sagte Inge. »Warum hast du nichts gesagt? Wie haben wir dich gesucht!!«

Und Bruno legte seinen Arm um ihre Schulter: »Wußte gar nicht, daß du noch so gut spielen kannst ...«

»Ach«, sagte Frau Pieper, »ich dachte eben, die brauchen mich hier und ...«

»Ist ja in Ordnung«, sagte Bruno. »Aber jetzt kommst du mit zu uns, Mutter! Es ist ja noch gar nicht so spät ...«

Doch ehe Frau Pieper, die nun völlig durcheinander und hilflos Herrn Lühmann ansah, antworten konnte, hörte sie Inge sagen: »Wieso denn zu euch? *Ich* habe doch zuerst angerufen. Du kommst natürlich zu uns, Mutter. Joanna wartet auf dich ...«

Mit einem Schlage sah Frau Pieper wieder klar. Käpt'n Lühmann wollte eingreifen. »Sie wollen uns unsere Kapelle ...«

Aber die alte Frau Pieper unterbrach ihn: »Keine

Angst, Herr Lühmann.« Und zu Inge und Bruno: »Sehr lieb von euch. Aber es ist ein bißchen zu spät.« Sie wunderte sich selbst über den Doppelsinn ihrer Worte. »Ihr seht doch, daß ich hier nicht wegkann. Aber euch vermissen sie zu Haus. Ruft mich morgen einfach an. Ich möchte ja auch meine Geschenke loswerden.«

Inge war so überrumpelt, daß sie anfangen wollte zu schimpfen: »Du kannst doch nicht einfach so verschwinden, Mutter. Und an uns denkst du wohl gar nicht ...!«

Frau Pieper erhob ihren Edelkirsch (mein Gott, dachte sie, ich trink' alles durcheinander), prostete Bruno und Inge zu, die folgsam ihre Gläser hoben, und sagte: »Prost, ihr Lieben! Und jetzt nach Hause mit euch! Hier bei uns Alten stört ihr bloß. Verstanden?« Und so komisch-böse sie konnte: »Keine Widerrede!«

Inge und Bruno hatten plötzlich wirklich das Gefühl, nicht recht angebracht zu sein. Wie die alten Leute sie alle anguckten!

»Musik!« rief Meckerpott Mühlbauer aus seiner Ecke, und noch einige andere fingen an zu murren.

»Fröhliche Weihnachten, Mutti. Vielen Dank, Herr Lühmann. Schönen Abend allerseits.« Und draußen waren sie.

»So sind die Alten!« sagte Inge. »Man macht sich Gedanken, man hetzt sich ab. Aber wenn sie nicht wollen, dann wollen sie nicht.«

»Grüß Marcus«, sagte Bruno. Inge konnte es gar nicht fassen: Er küßte sie auf die Stirn – und ging zu seinem Auto.

In der »Windigen Ecke« aber tanzte Käpt'n Lühmann mit Oma Pieper »Freistil«. Onkel Karl hatte ausnahmsweise die Musik-Box genehmigt und ›All you need is Love‹ gedrückt, von den Beatles.

August Kühn
Da ist etwas zu bereden

Bei einem meiner letzten Besuche bei ihr, in der ordentlich aufgeräumten Zweieinhalbzimmerwohnung nahe der Hauptbahnlinie und gegenüber der weitläufigen Grünfläche des »Hirschgartens«, wo vor Jahrhunderten Bayerns Kurfürsten das Wild für ihre Jagden hegen ließen, da konnten wir uns ruhig-gelassen plaudernd unterhalten. Angerufen, eingeladen hatte sie mich, weil da etwas zu bereden sei, sie finde es wichtig. Da sei also, sagte sie, die Kontenkarte von der Bank, auf die ihre Witwenrente, die von Eugen her, jeden Monat überwiesen werde. Gerade so hoch, daß es für sie hinreiche zum Leben, für Miete, Strom, Rundfunk- und Fernsehgebühr, das werde automatisch auch jeden Monat von dem Konto abgebucht. Nein, ich solle nicht abwinken, habe ja gemerkt, wie schnell mit ihr einmal etwas passieren könne, und dann müsse ich das schon alles wissen. Ihr praktischer Sinn! Auch das Grab habe sie schon auf die nächsten zehn Jahre, mit dem Eugen zusammen. So, wie sie von diesen Dingen sprach, mit der ihr eigenen Sachlichkeit, nahm sie mir das Grauen weg, das mich beschlich.

»... und dann ist da noch etwas, da möchte ich

dich um einen Rat fragen und auch bitten, daß du mir hilfst.«

Noch nie zuvor hatte Mutter mich um Rat gefragt und um Hilfe angegangen, nie davor!

»Ich fahr' doch öfter mal zu solchen Ausflugsfahrten mit, die sind so billig, daß ich mir das gelegentlich auch einmal leisten kann. Da ist man unter Leuten, kommt raus aus der Stadt, bekommt was zu sehen. – Früher, mit dem Eugen, da sind wir hauptsächlich in Wirtshäuser gekommen, weißt ja ...«

Solche Ausflugsfahrten werden von Firmen zu Werbeveranstaltungen unternommen. Ich sah hinaus aus Mutters Wohnzimmerfenster, auf die Grünfläche mit den eingestreuten, alten, rauhrindigen Bäumen, unter denen eine einzelne Frau mit einem mischrassigen Hund an der Leine herumging, einem Pinscher. Eigentlich mehr einem undefinierbaren Bastard, fand ich. Pinscher hat der zweite Kanzler dieser Republik einmal »gewisse Schriftsteller« genannt. – Früher also hatten hier Hirsche gegrast, sorgsam behütet von kurfürstlichen Jagdaufsehern, bis die Durchlauchten es für an der Zeit fanden, die zu Sechzehn-, Vierzehn-, mindestens Zwölfendern herangewachsenen Tiere auf einer Treibjagd mit adeliger Gesellschaft, mit Hunden und mit Hörnerschall zu erlegen.

»... sind wir alt Gewordenen denn Freiwild?«

»Nein, bestimmt nicht, das darf man nicht zulassen!«

Sie war, wie schon öfter einmal, zusammen mit einer ihrer Nachbarinnen mit dem Bus eines Reiseunternehmens mitgefahren. Hatte im vorhinein gewußt, daß am Reiseziel eine Werbeschau stattfinden würde, es hatte ihr nichts ausgemacht, wenn sie nicht wollte, brauchte sie ja nichts zu kaufen, keine Gesundheitsdecke, kein Massagebad, solche Geräte und Waren, die man gern älteren, um ihre Gesundheit besorgten Leuten anbietet mit übertriebenen Darstellungen, wie gefährdet sie seien und wie hilfreich gerade dieses Produkt oder jenes gegen solche Gefahren helfe. Zu weit überhöhten Preisen, wie sie auch wisse.

Dieses eine Mal nun seien es Mäntel aus naturbelassenem Lamahaar gewesen. – »Natürlich«, »naturbelassen«, »aus unverfälschter Natur«: werbeträchtige Schlagworte waren das in letzter Zeit geworden, seit eine kleine intellektuelle Minderheit damit begonnen hatte, engagiert gegen die gewaltsame, nur profitorientierte Zerstörung der Umwelt anzugehen. Politiker und Medien verketzerten diese »alternative Bewegung«, ließen unter massivem Polizeischutz Kernkraftwerke errichten, verharmlosten das Absterben der Wälder unter den Industrie- und Autoabgasen – aber die Werbeindustrie nützte die von den »Alternativen« mühsam geweckte Aufmerksamkeit in der Bevölkerung für Zusammenhänge der Natur für ihre Zwecke.

Nein, nicht wegen der Natürlichkeit, diesen

Schwindel habe sie schon durchschaut, aber einer der Mäntel habe ihr wirklich gefallen und sei auch nicht so übermäßig teuer gewesen. Eine gute Stimmung habe geherrscht auf der Fahrt, und der Werbeverkäufer sei humorig lustig und auch besonders freundlich gewesen, da habe sie diesen einen Mantel bestellt. Aber in dem Paket mit der Lieferung sei dann ein ganz anders geschnittener Mantel gewesen, sie habe ihn zurückgeschickt und der absendenden Firma geschrieben, wie es sich mit der Sache verhalte. Die aber habe darauf bestehen wollen, daß sie statt des nicht lieferbaren Mantels einen anderen abnehme. Nun habe sie sogar eine gerichtliche Zahlungsaufforderung, einen Mahnbescheid ins Haus bekommen. Obwohl sie überhaupt keine Ware erhalten habe bisher, das sei doch wider jeden gesunden Menschenverstand.

Ich faßte für Mutter den Widerspruch gegen den Mahnbescheid ab, selbstverständlich. Und danach unterhielten wir uns noch eine Weile über eben diesen gesunden Menschenverstand.

»In Bonn reden sie schon lange über ein Gesetz, das den ›Verbraucher‹ schützen soll bei Käufen an der Haustür oder bei solchen Kaffeefahrten. Aber da geht nichts vorwärts, kann man hören. Auf diese Weise werden jährlich so an die dreißig Millionen Umsatz gemacht, ein wichtiger Wirtschaftsfaktor, sagen die von der Regierungskoalition.«

»Mag schon sein, mag alles sein!« sagte sie darauf

ungut, und ich merkte, daß sie meine Anspielung nicht ganz verstanden hatte.

»Die Bundestagsabgeordneten sind für alle da, für dich auch«, setzte ich nach. »Und vor dem Gesetz sind alle gleich, steht im Grundgesetz.«

»Red nicht so mit mir, ich hab mein Lebtag lang die Sozi gewählt – und sonst will ich mit der Politik nichts zu tun haben.«

Stumm hockten wir etliche Minuten beisammen, und ich überlegte mir, daß es doch »Muttersprache« genannt wird, was wir alle als Sprache erworben haben. Warum war es dann so kompliziert, sich mit ihr zu verständigen, sogar mit dieser Mutter?

Auch sie sinnierte über irgend etwas nach.

»Warum stellen die denn soviel Zeug her, das eigentlich niemand braucht? Und dann müssen sie aufwendig dafür werben, daß es wieder jemand kauft.« Sie kommt plötzlich und für mich überraschend zu Folgerungen, die mit den meinen übereinstimmen, fast deckungsgleich sind. »Ein ganzer Berg überflüssiges Zeug wird einem Menschen heutzutage angedreht. Jedem. Was hab' ich selber bloß alles zusammengenäht aus den Modejournalen, kurze Jacken das eine Jahr, das andere längere, einmal einreihig zu knöpfen, dann wieder zweireihig, das hat gewechselt, wer da immer mit der Mode gehen wollte, der hat die Sachen nie auftragen können, mit anderen Dingen ist es genauso gewesen. Wenn vernünftiger gewirtschaftet worden wäre, ja, wenn, dann hätte man schon in den zwanziger Jahren die Vierzigstundenwoche einführen können – und damals wäre schon niemand arbeitslos geworden. Vielleicht.«

Verlegen über ihre ungewohnt lange Rede streift sie die ohnehin faltenlos liegende Tischdecke glatt.

»Vielleicht hätten dann mehr Leute die Zeit gehabt, sich um mehr zu kümmern als gerade um das, was sie selber unmittelbar betroffen hat«, spinnt sie den Faden fort, weil ich nicht gleich etwas erwidere. »Aber nein, inzwischen ist die Arbeitszeit kürzer geworden, die Leut' aber kümmern sich doch um nichts, jeder nur um seinen eigenen Bauch.«

»Aber dein Bruder!«

Meinen Einwurf nimmt sie auf. Nickt. Gibt zögerlich zu: »Ja, der. Schon, schon. Aber damals hab' ich ihn auch nicht verstanden. Hinterher freilich ist jeder klüger.«

Ich dachte mir, daß es nun an der Zeit sei, mich bei der Mutter zu rechtfertigen. Ihr Bruder, gegen den Bau von Panzerkreuzern sei der gewesen, weil die nur Sinn gäben für einen Krieg. Den habe es bekanntlich dann wirklich gegeben, und danach hätten die deutschen Politiker geschworen, daß kein Deutscher mehr eine Waffe in die Hand nehmen dürfe. Inzwischen aber strebten dieselben Politiker sogar nach den fürchterlichsten Waffen, die es in der Geschichte der Menschheit jemals gegeben habe, solchen, die sie in die Lage versetzen würden, eben diese Menschheit und daneben jedes Leben auf der Erde auszurotten. Ich, viel mehr als dagegen anschreiben könne ich auch nicht, aber wenigstens das wolle ich immer wieder versuchen.

Meine Mutter sah mir daraufhin lange ins Gesicht, forschend, als wolle sie ergründen, wie ernst es mir damit war. Die Jahre, ihre vielen Jahre hatten ihr beigebracht, daß es nicht reicht, was einer für Worte macht, daß auf Gesagtes wenig Verlaß ist.

Dann sagte sie ruhig-gelassen: »Es muß immer weiter gehen, immer weiter. Ich denke an die Kinder, deine. Und du wirst es schon richtig machen. Daß es die auch wieder richtig machen können, ihre Sache.«

Wenn Müttern nur mehr Zeit zum Leben bliebe!

Annette von Droste-Hülshoff
Der Brief aus der Heimat

Sie saß am Fensterrand im Morgenlicht
Und starrte in das aufgeschlagne Buch,
Die Zeilen zählte sie und wußt es nicht,
Ach weithin, weithin der Gedanken Flug!
Was sind so ängstlich ihre nächt'gen Träume?
Was scheint die Sonne durch so öde Räume?
– Auch heute kam kein Brief, auch heute nicht.

Seit Wochen weckte sie der Lampe Schein,
Hat bebend an der Stiege sie gelauscht;
Wenn plötzlich am Gemäuer knackt der Schrein,
Ein Fensterladen auf im Winde rauscht, –
Es kömmt, es naht, die Sorgen sind geendet!
Sie hat gefragt, sie hat sich abgewendet
Und schloß sich dann in ihre Kammer ein.

Kein Lebenszeichen von der liebsten Hand,
Von jener, die sie sorglich hat gelenkt,
Als sie zum erstenmal zu festem Stand
Die zarten Kinderfüßchen hat gesenkt;
Versprengter Tropfen von der Quelle Rande,
Harrt sie vergebens in dem fremden Lande;
Die Tage schleichen hin, die Woche schwand.

Was ihre rege Phantasie geweckt?
Ach, eine Leiche sah die Heimat schon,
Seit sie den unbedachten Fuß gestreckt
Auf fremden Grund und hörte fremden Ton;
Sie küßte scheidend jung und frische Wangen,
Die jetzt von tiefer Grabesnacht umfangen;
Ists Wunder, daß sie tödlich aufgeschreckt?

In Träumen steigt das Krankenbett empor,
Und Züge dämmern, wie in halber Nacht;
Wer ists? – sie weiß es nicht und spannt das Ohr,
Sie horcht mit ihrer ganzen Seele Macht;
Dann fährt sie plötzlich auf beim Windesrauschen
Und glaubt dem matten Stöhnen noch zu lauschen
Und kann erst spät begreifen, daß sie wacht.

Doch sieh, dort fliegt sie übern glatten Flur,
Ihr aufgelöstes Haar umfließt sie rund,
Und zitternd ruft sie, mit des Weinens Spur:
»Ein Brief, ein Brief, die Mutter ist gesund!«
Und ihre Tränen stürzen wie zwei Quellen,
Die übervoll aus ihren Ufern schwellen;
Ach, eine Mutter hat man einmal nur!

Die Autoren

FANNY ATHERAS: Geb. 1959 in Griechenland, lebt seit 1966 mit ihren Eltern in der Bundesrepublik, studierte Germanistik in München.

›Familienzusammenführung‹ wurde mit freundlicher Genehmigung der Autorin aufgenommen. (Aus: ›Eine Fremde wie ich. Berichte, Erzählungen, Gedichte von Ausländerinnen‹. Herausgegeben von Hülya Özkan und Andrea Wörle. Deutscher Taschenbuch Verlag GmbH & Co. KG, München 1985.)

HEINRICH BÖLL: Geb. am 21. Dezember 1917 in Köln, gest. am 16. Juli 1985 in Langenbroich/Eifel, erhielt 1972 den Nobelpreis für Literatur.

›Die Postkarte‹ wurde mit freundlicher Genehmigung des Verlags Kiepenheuer & Witsch, Köln, aufgenommen. (Aus: H. B., ›Gesammelte Erzählungen. Band 1‹. © 1981 Verlag Kiepenheuer & Witsch, Köln.)

BARBARA BRONNEN: Geb. am 19. August 1938 in Berlin, studierte Germanistik, lebt heute als freie Schriftstellerin in München.

Der Romanauszug ›Das Mädchen ohne Hände‹ wurde mit freundlicher Genehmigung der Autorin aufgenommen. (Aus: B. B., ›Die Tochter‹, München 1980.)

ELFRIEDE BRÜNING: Geb. am 8. November 1910 in Berlin, Kontoristin, Redaktionssekretärin, Journalistin, seit 1950 freie Schriftstellerin in Berlin.

›Himmel auf Erden‹ wurde mit freundlicher Genehmigung der Autorin aufgenommen. (Aus: ›Neue Deutsche Literatur‹, 4/1974.)

MATTHIAS CLAUDIUS: Geb. am 15. August 1740 in Reinfeld/ Holstein, gest. am 21. Januar 1815 in Hamburg, studierte

Theologie und Jura in Jena und war von 1771 bis 1775 Herausgeber des ›Wandsbecker Bothen‹, in dem das Gedicht ›Die Mutter bei der Wiege‹ 1771 erstmals abgedruckt wurde.

ANNETTE VON DROSTE-HÜLSHOFF: Geb. am 10. Januar 1797 auf Schloß Hülshoff bei Münster/Westfalen, gest. am 24. Mai 1848 in Meersburg/Bodensee, bedeutendste deutsche Lyrikerin. Das Gedicht ›Der Brief aus der Heimat‹ ist während ihres ersten Aufenthaltes in Meersburg 1841/42 entstanden.

WOLFGANG EBERT: Geb. am 10. Februar 1923 in Düsseldorf, studierte Philosophie und Germanistik in München und Berlin, war mehrere Jahre Redakteur beim ›Kölner Stadt-Anzeiger‹, ständiger Mitarbeiter bei der ›Zeit‹ und beim ›Stern‹, lebte bis zu seinem Tod am 26. September 1997 als freier Schriftsteller in München.

›Mutterlogik‹ wurde mit freundlicher Genehmigung des Nymphenburger Verlags in der F. A. Herbig Verlagsbuchhandlung GmbH, München, aufgenommen. (Aus: ›Wolfgang Eberts beste Geschichten‹, München 1978).

BARBARA FRISCHMUTH: Geb. am 5. Juli 1941 in Altaussee, studierte Orientalistik und lebt heute als freie Schriftstellerin in Wien.

›Sonntag‹ wurde mit freundlicher Genehmigung des Residenz Verlags, Salzburg, aufgenommen. (Aus: B. F., ›Rückkehr zum vorläufigen Ausgangspunkt‹, Salzburg 1973.)

MAKSIM GORKIJ (eigtl. Aleksej Maksimowitsch Peschkow): Geb. am 28. März 1868 in Nischnij Nowgorod (heute Gorkij), gest. am 18. Juni 1936 in Moskau, verkündete 1934 die Doktrin vom »Sozialistischen Realismus«, als deren erster Klassiker er gilt.

Der Romanauszug ›Die Mutter‹ wurde mit freundlicher Genehmigung des Winkler Verlags, München, aufgenommen. (Aus: M. G., ›Die Mutter‹, München 1973. Deutsch von Adolf Heß, bearbeitet von Irene Müller.)

Oskar Maria Graf: Geb. am 22. Juli 1894 in Berg am Starnberger See, gest. am 29. Juni 1967 in New York, wo er seit 1938 im Exil lebte.

›Die Entdeckung der Mutter‹ wurde mit freundlicher Genehmigung des Paul List Verlags in der Südwest Verlag GmbH & Co. KG, München, aufgenommen. (Auszug aus: O. M. G., ›Das Leben meiner Mutter‹, München 1978.)

Jacob Grimm: Geb. am 4. Januar 1785 in Hanau, gest. am 20. September 1863 in Berlin, Jurastudium, Bibliothekar, Professor in Göttingen. Gemeinsam mit seinem Bruder Wilhelm begann er 1838 die Arbeit am ›Deutschen Wörterbuch‹ und gab u. a. die ›Kinder- und Hausmärchen‹ (1812–1822) heraus, aus denen auch ›Schneeweißchen und Rosenrot‹ entnommen ist.

Wilhelm Grimm: Geb. am 24. Februar 1786 in Hanau, gest. am 16. Dezember 1859 in Berlin, war wie sein Bruder Jacob von 1830 bis 1837 Professor in Göttingen und ging nach seiner Entlassung nach Kassel. Gemeinsam mit ihm bearbeitete er Märchen, Sagen und das ›Deutsche Wörterbuch‹.

Ursula Haucke: Lebt in Berlin, ist freie Schriftstellerin und für Rundfunk und Fernsehen tätig. Hauptautorin der Sendereihe ›Papa, Charly hat gesagt ...‹

›Mit leeren Händen, aber vollen Herzen oder so‹ wurde entnommen aus: U. H., ›Ich hab geschielt, und Papa war beleidigt. Notizen aus Karolines Tagebuch‹. Illustriert von Franziska Becker. © 1983 Deutscher Taschenbuch Verlag GmbH & Co. KG, München.)

Heinrich Heine: Geb. am 13. Dezember 1797 in Düsseldorf, gest. am 17. Februar 1856 in Paris, nach kaufmännischer Lehrzeit Jurastudium, bedeutendster deutscher Lyriker zwischen Romantik und Realismus, Begründer des modernen Feuilletonismus.

›An meine Mutter‹ wurde dem ›Buch der Lieder‹ (Erstveröffentlichung 1827) entnommen.

AUGUST KÜHN (eigtl. Rainer Zwing): Geb. am 25. September 1936 in München, gest. am 9. Februar 1996 in Hinterwössen, arbeitete als Optikschleifer, kaufmännischer Angestellter, Journalist und Verwaltungsangestellter, bevor er 1972 mit biographischer Prosa aus einem Münchner Arbeiterviertel (›Westendgeschichten‹) als Erzähler debütierte.

Der Romanauszug ›Da ist etwas zu bereden‹ wurde mit freundlicher Genehmigung des Franz Schneekluth Verlags, München, aufgenommen. (Aus: A. K., ›Meine Mutter 1907‹. Münchner Edition. © 1986 Franz Schneekluth Verlag, München.)

ELSE LASKER-SCHÜLER: Geb. am 11. Februar 1869 in Wuppertal-Elberfeld, gest. am 22. Januar 1945 in Jerusalem. 1899 erschienen ihre ersten Gedichte. 1933 Emigration.

›Mutter‹ wurde mit freundlicher Genehmigung des Kösel-Verlags GmbH & Co., München, aufgenommen. (Aus: E. L.-S., ›Gesammelte Werke in drei Bänden. Band 1, Gedichte 1902–1943‹, München 1959.)

DORIS LESSING: Geb. am 22. Oktober 1919 in Persien, wuchs in Rhodesien auf und ging 1949 nach England, wo sie heute noch lebt.

›Durch den Tunnel‹ wurde mit freundlicher Genehmigung des Ernst Klett Verlags für Wissen und Bildung GmbH, Stuttgart, aufgenommen. (Aus: D. L., ›Die Frau auf dem Dach‹, Stuttgart 1982. Deutsch von Adelheid Dormagen.)

MARK TWAIN (eigtl. Samuel Langhorne Clemens): Geb. am 30. November 1835 in Florida/Missouri, gest. am 21. April 1910 in Redding/Connecticut. Setzerlehre, Lotse auf dem Mississippi, Reporter, freier Schriftsteller.

›Wer betet für Satan?‹, ein Auszug aus Mark Twains ›Autobiographie‹, wurde mit freundlicher Genehmigung des

Carl Hanser Verlags, München, aufgenommen. (Aus: M. T., ›Gesammelte Werke in fünf Bänden. Band V‹, München 1967. Deutsch von Gertrud Baruch.)

Christine Nöstlinger: Geb. 1936 in Wien, studierte an der dortigen Kunstakademie und arbeitete für Rundfunk und Presse. Seit 1970 ihr erstes Kinderbuch erschienen ist, gehört sie zu den erfolgreichsten Jugendbuchautoren der Gegenwart. Sie lebt als freie Schriftstellerin in Wien.

›Mütter wollen gebraucht werden‹ wurde mit freundlicher Genehmigung des Verlags Niederösterreichisches Pressehaus, St. Pölten, aufgenommen. (Aus: C. N., ›Haushaltsschnecken leben länger‹, St. Pölten/Wien 1985.)

Hans Werner Richter: Geb. am 12. November 1908 in Bansin, gest. am 23. März 1993 in München, gelernter Buchhändler, war Initiator und Mentor der Gruppe 47.

›Der Hecht‹ wurde mit freundlicher Genehmigung des Nymphenburger Verlags in der F. A. Herbig Verlagsbuchhandlung GmbH, München, aufgenommen. (Aus: H. W. R., ›Geschichten aus Bansin‹, München 1982).

Hans Scheibner: Geb. am 27. August 1936 in Hamburg, ist gelernter Verlagskaufmann, Journalist, Texter und Liedermacher. Bekannt wurde er u. a. durch seine satirische Fernsehsendung ›Scheibnerweise‹. Er lebt in Hamburg.

›Heiligabend zur ‚Windigen Ecke'‹ wurde mit freundlicher Genehmigung des Autors aufgenommen. (Aus: H. S., ›Der Weihnachtsmann in Nöten‹. Deutscher Taschenbuch Verlag GmbH & Co. KG, München 1986.)

Isaac Bashevis Singer: Geb. am 14. Juli 1904 in Radzymin/Polen, gest. am 24. Juli 1991 in Miami, emigrierte 1935 in die USA. 1978 erhielt er den Nobelpreis für Literatur.

›Tote Gänse schreien nicht‹ wurde mit freundlicher Genehmigung des Otto Maier Verlags, Ravensburg, und Agence Hoffman, München, aufgenommen. (Aus: I. B. S.,

›Eine Kindheit in Warschau‹, Ravensburg 1981. Deutsch von Karin Polz.)

JAKOB WASSERMANN: Geb. am 10. März 1873 in Fürth, gest. am 1. Januar 1934 in Altaussee in der Steiermark, gelernter Kaufmann, dann freier Schriftsteller und Redakteur beim ›Simplicissimus‹.

›Schläfst du, Mutter?‹ wurde mit freundlicher Genehmigung des Langen Müller Verlags in der F. A. Herbig Verlagsbuchhandlung GmbH, München, aufgenommen. (Aus: J. W., ›Schläfst du, Mutter? Meistererzählungen‹, München/Wien 1984).

In der gleichen augenfreundlichen Schrift
bei dtv erschienen:

Viele schöne Tage
Ein Lesebuch
Zusammengestellt von Helga Dick
und Lutz-W. Wolff
dtv 25126

Vierzehn ungewöhnliche Erzählungen.

»Schöne Tage – man wünscht sie anderen, und man wünscht sie sich selbst. Manche schönen Tage scheinen vorprogrammiert: Hochzeiten, Jubiläen, Geburtstage und natürlich der Urlaub. Aber wer sich selbst besser kennt, weiß auch, daß es oft die unauffälligen Stunden sind, die Glück und Zufriedenheit ausmachen, die seltsame Begegnungen und Überraschungen bringen und am Ende das Leben verändern. Einige dieser Augenblicke sind hier festgehalten von Madison Smartt Bell, Heimito von Doderer, Barbara Frischmuth, Peter Härtling, Marlen Haushofer, Franz Hohler, Hanna Johansen, Marie Luise Kaschnitz, Roland Koch, Siegfried Lenz, Margriet de Moor, Isabella Nadolny, Herbert Rosendorfer und Christa Wolf.

dtv

In der gleichen augenfreundlichen Schrift
bei dtv erschienen:

Lach doch wieder!

Geschichten, Anekdoten,
Gedichte und Witze

Zusammengestellt von
Helga Dick und Lutz-W. Wolff
dtv 25137

Es kann schon mal vorkommen, daß einem das Lachen vergeht. Wichtiger ist allerdings, daß es wieder zurückkommt! Lachen und Weinen gehören zusammen, und ein bißchen Galgenhumor ist allemal besser als Selbstmitleid und Verzweiflung. Geben doch, wie die hier versammelten Geschichten, Anekdoten, Gedichte und Witze beweisen, die Gründe für unser Unglücklichsein oft genug auch zur Heiterkeit Anlaß. Es geht uns besser, wenn wir zu den Dingen und zu uns selbst ein bißchen Distanz haben, das zeigen Peter Bamm, Erma Bombeck, Ilse Gräfin von Bredow, Art Buchwald, Sinasi Dikmen, Trude Egger, Lisa Fitz, Axel Hacke, Ursula Haucke, Johann Peter Hebel, Elke Heidenreich, Inge Helm, Irmgard Keun, Siegfried Lenz, Christian Morgenstern, Christine Nöstlinger, Alexander Roda Roda, Herbert Rosendorfer, Eugen Roth, Hans Scheibner, Michail Sostschenko, Phyllis Theroux, Ludwig Thoma und Kurt Tucholsky.

Heinrich Böll im dtv

»Man kann eine Grenze nur erkennen, wenn man sie zu überschreiten versucht.«
Heinrich Böll

Irisches Tagebuch
dtv 1

Zum Tee bei Dr. Borsig
Hörspiele
dtv 200

Ansichten eines Clowns
Roman · dtv 400

Wanderer, kommst du nach Spa...
Erzählungen · dtv 437

Ende einer Dienstfahrt
Erzählung · dtv 566

Der Zug war pünktlich
Erzählung · dtv 818

Wo warst du, Adam?
Roman · dtv 856

Billard um halb zehn
Roman · dtv 991

Die verlorene Ehre der Katharina Blum oder: Wie Gewalt entstehen und wohin sie führen kann
Erzählung
dtv 1150

Das Brot der frühen Jahre
Erzählung · dtv 1374

Ein Tag wie sonst
Hörspiele · dtv 1536

Haus ohne Hüter
Roman · dtv 1631

Du fährst zu oft nach Heidelberg und andere Erzählungen
dtv 1725

Fürsorgliche Belagerung
Roman · dtv 10001

Das Heinrich Böll Lesebuch
dtv 10031

Was soll aus dem Jungen bloß werden? Oder: Irgendwas mit Büchern
dtv 10169

Das Vermächtnis
Erzählung · dtv 10326

Die Verwundung und andere frühe Erzählungen
dtv 10472

Heinrich Böll im dtv

Frauen vor Flußlandschaft
Roman · dtv 11196

Eine deutsche Erinnerung
dtv 11385

Rom auf den ersten Blick
Landschaften · Städte · Reisen · dtv 11393

Nicht nur zur Weihnachtszeit
Erzählungen · dtv 11591

Unberechenbare Gäste
Erzählungen · dtv 11592

Entfernung von der Truppe
Erzählungen · dtv 11593

Gruppenbild mit Dame
Roman · dtv 12248

Die Hoffnung ist wie ein wildes Tier
Briefwechsel mit Ernst-Adolf Kunz 1945-1953
dtv 12300

Der blasse Hund
Erzählungen · dtv 12367

Der Engel schwieg
Roman · dtv 12450

Und sagte kein einziges Wort
Roman · 12531

In eigener und anderer Sache. Schriften und Reden 1952-1985
9 Bände in Kassette
dtv 5962
In Einzelbänden:
dtv 10601-10609

H. Böll/H. Vormweg
Weil die Stadt so fremd geworden ist ...
dtv 10754

NiemandsLand
Kindheitserinnerungen an die Jahre 1945 bis 1949
Herausgegeben von Heinrich Böll
dtv 10787

Über Heinrich Böll:

Marcel Reich-Ranicki:
Mehr als ein Dichter Über Heinrich Böll
dtv 11907

Bernd Balzer:
Das literarische Werk Heinrich Bölls
dtv 30650

Christine Nöstlinger im dtv

»Der Mensch soll sich nicht allzu ernst nehmen und über sich selbst lachen können!«

Haushaltsschnecken leben länger
Mit Illustrationen von
Christiana Nöstlinger
dtv 10804

Das kleine Frau
Mein Tagebuch
dtv 11452

Manchmal möchte ich ein Single sein
Mit Illustrationen von
Christiana Nöstlinger
dtv 11573

Einen Löffel für den Papa Einen Löffel für die Mama
Mit Illustrationen von
Christiana Nöstlinger
dtv 11633

Streifenpullis stapelweise
Mit Illustrationen von
Christiana Nöstlinger
dtv 11750

Salut für Mama
Mit Illustrationen von
Christiana Nöstlinger
dtv 11860

Mit zwei linken Kochlöffeln
Ein kleiner Kochlehrgang
für Küchenmuffel
Mit Illustrationen von
Christiana Nöstlinger
dtv 12007

Management by Mama
Mit Illustrationen von
Christiana Nöstlinger
dtv 20112

Mama mia!
Mit Illustrationen von
Christiana Nöstlinger
dtv 20132

Werter Nachwuchs
Die nie geschriebenen
Briefe der Emma K., 75
dtv 20049 und
dtv großdruck 25076

Liebe Tochter, werter Sohn!
Die nie geschriebenen
Briefe der Emma K., 75
Zweiter Teil
dtv 11949 und
dtv großdruck 25136

Oskar Maria Graf im dtv

»Oskar Maria Graf gehört zu den bedeutendsten Schriftstellern unseres Jahrhunderts.«
Carl Zuckmayer

Wir sind Gefangene
Ein Bekenntnis
dtv 1612
Grafs Erlebnisse 1905 bis 1918.

Das Leben meiner Mutter
dtv 12381
Aus der Lebensbeschreibung einer einfachen Frau aus dem Volke, wie es die Mutter Oskar Maria Grafs war, erwächst eine Chronik bäuerlich-dörflichen Daseins und der politischen Ereignisse der Zeit.

Anton Sittinger
Roman
dtv 12453
Aus dem Blickwinkel eines deutschen Kleinbürgers schildert Oskar Maria Graf die Ereignisse der Jahre 1918 bis 1933 und legt am Beispiel eines Menschen »wie du und ich« Verhaltensweisen bloß, die mitverantwortlich waren, daß sich das nationalsozialistische Terrorregime etablieren konnte.

Die Erben des Untergangs
Roman einer Zukunft
dtv 11880

An manchen Tagen
Reden, Gedanken und Zeitbetrachtungen
dtv 11898

Bolwieser
Roman eines Ehemannes
dtv 12310
Xaver Bolwieser, ein kleinbürgerlicher Bahnhofs vorsteher, wird plötzlich aus der Bahn geworfen: Seine Frau hat Liebhaber, die Gerüchteküche brodelt, und sein Meineid, zur Beteuerung ihrer Unschuld, bringt ihn ins Gefängnis ...

Reise in die Sowjetunion 1934
SL 71012

Über Oskar Maria Graf:
Gerhard Bauer:
Oskar Maria Graf Ein rücksichtslos gelebtes Leben
dtv 30413